The Habits of Popular People at Any Age

いくつになっても「モテる人」の習慣 図解

青木一郎

PHP

はじめに

いくつになっても青春は謳歌できる！

いくつになってもモテる人はモテる

四十歳を過ぎても五十歳になっても、還暦を過ぎてもいくつになってもモテる人はモテます。有名人でいうと、石田純一さん、神田正輝さん、沢尻エリカさんと結婚した高城剛さんなど数えれば切りがないほどです。

あなたの周りでもいませんか？　おじさんなのにモテる人。会社の女性に人気があって、いつも楽しそうな話や内緒話をしている人が一人や二人思い浮かびますよね。

実際のところ、二十代、三十代の独身OL、五〇〇人を対象にした調査では、「おじさんは恋愛対象になりますか？」という問いに対して、七十二パーセントが「人によってはなる」と答えているのです。しかもその「おじさん」というのが四十四歳から六十二歳というから、何とも希望が持てる話ではないでしょうか。

しかし、「人によっては」というところが、この話の最大の肝。なぜなら、モテるおじさんとモテないおじさんには歴然とした差があるからです。

モテる人になるための四つのポイントとは？

おじさんになってもモテる人とモテない人の差は次の四点に集約されます。

「外見」「出会い」「女性とのコミュニケーション能力」「文化・教養」

これらは生まれつきの能力や才能というより後天的な努力や習慣で大きく差がつく分野です。

例えば子供の頃、女子の憧れの的といえば、紅顔の美少年で運動神経抜群というのが定番だったと思います。これらは言うまでもなく生まれつきによるものです。

しかし、三十代も半ばを過ぎると状況は一変してきます。容姿は衰え「おじさん臭く」なりますし、運動能力よりコミュニケーション能力を求められ、一人前の大人として文化や教養を身につけていることまで期待され始めます。

そして「四十代前半は二十代前半に比べて職場での出会いが三分の一」（経済産業省調べ）という調査結果が示しているように、年をとると身の回りから自然に生まれる出会いが激減してしまいます。

これらが意味するところは、何もしないままでいると女性の恋愛対象からどんどん遠のいてしまうということなのです。

この本は中年男性がモテるためのノウハウと習慣を先の四つの分野ごとにまとめたもので、中年男性が抱える課題に焦点を合わせ再現性が高い解決策を厳選しています。そして数多くの実績がある手法です。

いくつになっても大人の青春を楽しもう

「中年男性にとっての恋愛とは？」と問われたら、私は迷わず〝自ら手にする大人の青春〟と答えるでしょう。若いときの青春は「自然現象」。自然に訪れ、自然に去っていきます。

一方、第二の青春は自らの手で引き寄せる必要があります。適切なノウハウと継続的な習慣があってはじめて道は開けるのです。

さぁ、いくつになってもモテる習慣を身につけて、大人の青春を楽しみましょう！

いくつになっても恋愛することはできる

20代～30代の独身OLへの調査「おじさんは恋愛対象になりますか？」

※おじさん＝44～62歳

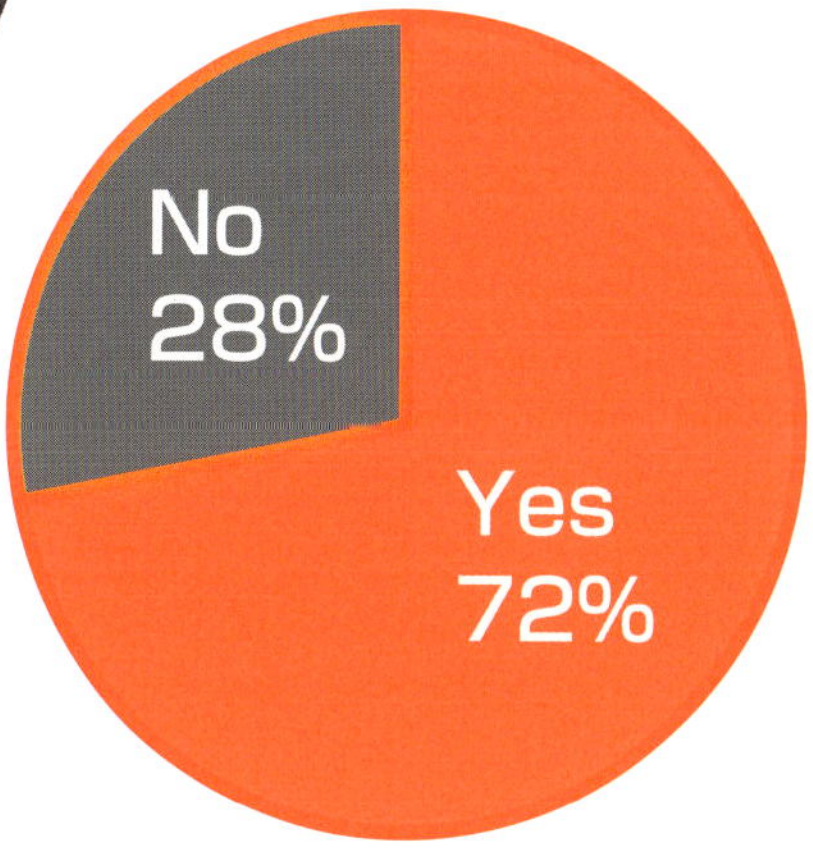

ただし、「人によっては」！

↓

モテる人とモテない人の４つの差

外見
（第１章）

出会い
（第２章）

コミュニケーション能力
（第３章）

文化・教養
（第４章）

【図解】いくつになってもモテる人」の習慣　もくじ

Part 3 いくつになってもモテる人の「コミュニケーション」習慣

Part 4 いくつになってもモテる人の「仕事&教養」習慣

Part 1

いくつになってもモテる人の「外見を磨く」習慣

1 「男は中身で勝負！」ではない。まず、その意識を変えよう！

いくつになってもモテる人の外見の秘密

四十代、五十代になっても女性にモテる人は外見が若々しい人です。例えば石田純一さんや沢尻エリカさんと結婚した高城剛さんが代表例でしょう。彼らはおじさん臭さを微塵も感じさせません。

私は四十半ばを過ぎています。この年で同窓会に出ると、同級生たちがおじさん臭い人と若々しい人に二極分化しています。女性陣にどちらが人気があるか言うまでもないでしょう。

この差は一体どこで生まれるのでしょうか。おじさん臭い人の若い頃の写真を見たら美男子だった、という経験はありませんか？

これは生まれつきの姿形の美醜より、その後の行動や習慣の方が中年以降の外見に大きく影響することを意味します。つまり、アンチエイジングや身だしなみの知識と実践で差が生まれるということです。

こうした差、容姿の衰えが始まるのは意外に早く「三十五歳は男の曲がり角」という調査結果があります。面白いもので女性が感じる「男の曲がり角」も三十七歳とほぼ同じ年齢です。

この年代になると「老いのサイン」がはっきりと外見に表れます。

また個人差が広がり始めるのもこの頃です。年齢より若く見える人、おじさん臭く見える人にどんどん分かれていくのです。

しかし、挽回は充分に可能です。外見は内面に比べると変えやすいからです。

例えば、髪型や服装を変えてみる。姿勢をしゃんとする。それだけでも見栄えは大幅に変わります。外見の印象が変わると女性からの評価がぐんと良くなります。

しかし、わかっていながら何もしない、という人が結構多いのです。

なぜでしょうか。

実はそこに大きな心理の壁があります。いくつになってもモテる外見の大きなヒントが隠されているのです。

モテる外見になるためのはじめの一歩

外見を変えることに対して、多くの中年男性は、「何もそこまでして」と腰がひけてしまいます。

「男は中身で勝負」と言う人がいます。「自らのこだわりは変えられない」と言う人もいます。「何もしないのが男らしいんだ」と言い張る人さえいます。

しかし、そうした人たちも〝就職活動のとき、リクルートスーツを着ていましたよね？〟

中身がどんなによくても、そうしないと企業に受け入れてもらえないからです。自分が「選ばれる」という立場をよく理解して、面接官の視点で服装を選んだのです。

恋愛も婚活も一緒です。「選ばれる」という立場を自覚して、女性の視点で服装や髪型を選ぶべきなのです。

こうした目的に対して、感情や観念によらず合理的な行動をとったとき、ある意味すべてが変わります。

意識改革こそが、いくつになってもモテる人の外見磨きの「はじめの第一歩」なのです。

外見を磨くためのはじめの一歩

同窓会に出ると…

その理由は、年を重ねると、行動や習慣が外見に大きく影響し、個人差が広がるから

↓	↓
就職活動のように自分が「選ばれる」と考える	「男は中身で勝負」「何もそこまでしなくても…」「こだわりは変えられない」
↓	↓
自分を磨く人	**わかっていながら何もしない人**

2

印象を大きく左右する髪型についての「正しい知識」

おじさん臭い印象を一新する髪型のポイントとは？

同じ生え際、同じ髪の量でも、おじさん臭く見える髪型と若々しく見える髪型があります。その差は「トップ」と「サイド」の厚みにあります。私が「トップ・サイドの法則」と呼んでいるセオリーです。「トップ」とは頭頂部のこと。「サイド」とは頭の横の部分のことです。若々しく見えるのは、サイドが押さえられていてトップに厚みがあるもの。一方のおじさん臭い髪型はその逆で、サイドが膨らんでいてトップにボリューム感がない髪型です。

たかがトップとサイドのバランスと侮るなかれ、です。私たちの世代の見た目に大きな影響を及ぼすのです。

もう一つおじさん臭く見えてしまう髪型があります。それは薄毛への対処の仕方が間違っているものです。具体的には、必要以上に髪が長いこと。そして生え際を見せてしまうこと。この二点です。

髪が長いと薄毛を強調してしまいます。前髪は「先割れ」といってまとまりが悪くなり、頭頂部は髪の黒さが地肌の白さを目立たせます。黒色と白色のコントラストの強さが薄さを強調してしまうのです。

薄毛には断然ショートが似合います。ショートであれば「先割れ」を防ぎ、頭頂部の髪が立ちやすくなりボリューム感を出せるからです。また、生え際の両端が後退していくM字型と呼ばれる薄毛の場合、この両端が見える髪型もおじさん臭さを醸し出してしまいます。

対処法としては、毛流《もうりゅう》という生まれつきの毛の流れに沿った髪形にすること。すると自然な雰囲気で生え際の薄さをカバーすることができます。イメージとしては、前髪は垂らし、はっきりした分け目はつけず、髪全体をやや斜めに流す髪型です。

日本テレビ系列の報道番組「NEWS ZERO」のキャスター村尾信尚さんが髪型を変えて劇的に若返ったのは、この二つのポイントを押さえているからです。

もし、「このところ、薄くなって髪型が決まらなくなってきた」とお感じならぜひ試してください。

イマドキの若者とお洒落な人は櫛《くし》を使わない

トップ・サイドの適正化、薄毛に効く髪形にするためには理容師さんに行ってもらう髪型のデザインやカットの仕方が重要です。それと同じ位、自分自身で毎日行うスタイリング（髪を整える行為）が重要です。

おじさん臭い髪型の人は、ポマードなどの整髪料をつけて頭頂部を櫛でなでつけています。このためトップにボリューム感がなくなります。このやり方は、昔流行《はや》ったアイビールックの名残りと言われています。かつてお洒落に関心のあった時代のやり方を、流行と髪が去った後も引きずって今に至っているというわけです。

一方、若々しい髪型の人、そしてイマドキの若者は櫛《くし》を使いません。スタイリング剤をつけた「手グシ」で毛を立たせてトップにボリューム感を出すのです。

〝なでつけるか、立たせるか〟このシンプルなスタイリングの差が見た目の印象を大きく左右する、ということです。

おじさん世代の見た目に大きく影響を与える髪型

同じ顔でも…（同じ生え際でも…）

×
トップよりサイドが厚い

おじさん臭い顔

○
サイドよりトップが厚い

若々しい顔

トップ・サイドの法則

同じ髪の量でも…

×
髪が長くトップがペチャンコ

毛流と逆なので生え際を見せてしまう

○
ショートで立たせやすくトップにボリューム

生え際を毛流に沿ったスタイリングで自然にかくす

薄毛には、①断然ショート　②毛流に沿う

3

「薄毛」と「白髪」。諦めるのはまだまだ早い！

もう悩まなくていい 薄毛は治る時代

多くの中年男性が老化の兆候として気になりだすのが「薄毛」と「白髪」です。

もちろん、気になるのは男性だけでなく女性も一緒です。先に紹介した「三十五歳は男の曲がり角」という調査では、多くの女性が、年齢より老けて見える男性の特徴として「髪が薄いこと」と「白髪が多いこと」をあげています。逆に言うとこの二つを解消するとぐっと若返って見えるということです。

薄毛は薬で治ります。今やそういう時代なのです。現在、定評があり医者がすすめる薬は次の二つに絞られます。

・飲み薬　プロペシア（ＭＳＤ）
・塗り薬　リアップＸ５（大正製薬）

二〇一〇年に専門医の団体である日本皮膚科学会が薄毛治療の格付けを行いました。そして五段階評価の最上位に位置づけたのがこの二つの薬です。

飲み薬の方は医療用なので医師の処方が必要になります。一方の塗り薬は一般用医療品なので薬局で買うことができます。効用が異なり相乗効果があるため、医師は併用をすすめます。

私は四十歳を過ぎた頃、薄毛が急激に進行しましたが、この二つの薬のお陰で、今では見違えるほどのフサフサな状態です。親も親戚も薄毛なため、ハゲるのは宿命と覚悟を決めていただけに、「救世主、現れる！」の心境です。

ネックは費用と期間です。両方とも保険適用外のため、それなりのお金がかかります。このため「金をとるか、髪をとるか」の決断が必要になります。また、効果がでるまで半年程度かかり、完全治癒しないので、薬を使い続けなくてはいけません。

この救世主、タダでは人を救わないということでしょう。しかし、お金と時間をかければ髪が戻ってくるというのは、薄毛に悩む多くの男性にとって天からの福音《ふくいん》に違いありません。

白髪染めの正しい選び方を習得しよう

私の相談者で白髪染めを使うとかえって老けて見える、という悩みを持つ人がいました。原因は白髪染めの間違った選び方。白髪染めはアルカリ性か酸性か製品によって異なり、使い分けが必要となります。

アルカリ性のものは、「手軽に自宅で」を売り文句にしているものに多く、生え際などのワンポイントや、若い女性が明るい色に染める、いわゆる茶髪に適しています。

しかし髪の潤いとツヤを失う傾向があり、われわれ中年男性が使うと枯れた雰囲気を醸し出し、老けて見えてしまうことがあるのです。

一方の酸性の白髪染めの代表選手はヘアマニキュアです。髪を痛めず白髪を染め、爪にするマニキュア同様、髪にツヤを与えます。難点は自分で染めるのが難しいこと。溶液が皮膚や服に着くと落ちにくいのです。

このため散髪のついでにやってもらうことをおすすめします。料金は数千円、時間にして三十分程度。「老けた」という印象を一新できると思えば、有意義な追加投資と言えるでしょう。

老けた男性のイメージを払拭しよう

年齢より老けて見える男性の特徴

薄毛

白髪

薄毛は治る

● 飲み薬

プロペシア

● 塗り薬

リアップX 5

※2010年、日本皮膚科学会が行った薄毛治療の格付最上位

白髪は染める

● アルカリ性

自宅で手軽にできるが、髪に枯れた印象が出て年をとって見える

● 酸性

染めるのが難しいが髪にツヤが出て若々しい

4 簡単なのに効果テキメン! 顔を明るく輝かせるテクニック

肌のくすみを消して若返る床屋活用法

予約困難なカリスマ美容師にはできなくて、普通の街の床屋さんが簡単にできる若返り法は何でしょうか?

答えは「顔そり」です。

この顔そり、法律上、理容師免許を持っている人しか行えません。また、ヒゲそりなどで使う家庭用の「T字型のカミソリ」では、後で述べる効果は期待できません。つまり「顔そり」は床屋さんの専売特許ということです。

では、なぜ顔そりには若返り効果があるのでしょうか。

人は年をとると肌にくすみがでて、「老けた」というイメージが顔ににじみ出ます。この肌のくすみを消して明るくする効果が、顔そりにはあるのです。金属の表面の細かい錆《さび》をヤスリで落とすと、新品のように明るく輝くのに似ています。

顔の肌のくすみの原因は次の二つです。肌の表面にある細かい産毛、そして古い角質層です。後者はいわゆる加齢現象。年をとると新陳代謝が落ち、古い角質層が肌の表面に堆積するのです。

この二つの原因を除去するのが他ならぬ顔そりです。

女性はこの手の話にたいへん敏感。そのため女性も顔そりをする人が増えてきました。

例えばブライダル・シェービングといって結婚式に備えて顔そりをするのです。結婚式といえば女性が最も美しくなりたい日です。このハレの日のために行う顔そりを、われわれも活用するべきです。顔そりだけでも床屋さんに行く価値があるということを覚えておいてください。

歯のくすみを消して若さと男前さを大幅アップ

このように、「くすみを消して明るくする」ことは、中年男性のイメージアップの基本的なセオリーの一つです。そこでもう一つおすすめなのが、歯のくすみを消すホワイトニングです。

歯は老化現象で黄ばみます。歯の表面のエナメル質が加齢現象で薄くなり、内側の象牙質の黄色い色が目立つようになるからです。白いTシャツを何度も洗濯するうちに生地が薄くなり、地肌が透けて見えるのに似ています。

年をとると、歯が黄色くなっていく、くすむんだ、ということをまずしっかりと認識してください。

このくすみを消す方法が、ホワイトニングです。

文字通り歯を白くします。やり方としては、自宅でできる方法と通院する方法の二通りがあります。

前者は自宅でできる手軽さと色落ちしにくいのが利点で、手間がかかることが難点です。一方の通院する方は即効性がありますが色落ちしやすいのが難点です。相乗効果を狙って両方を同時に行うやり方もあります。

私は四十四歳の時に、自宅でやるホワイトニングを行い、周囲があっと驚くほど歯が白くなりました。期間は四週間。費用は二万円程度。これで大幅にイメージアップすることができたので、十分すぎるほどの費用対効果だったと思います。

明るく輝いた顔を手に入れる2つの方法

年をとり、肌や歯がくすんでいると顔のイメージが暗くなり、老けて見える

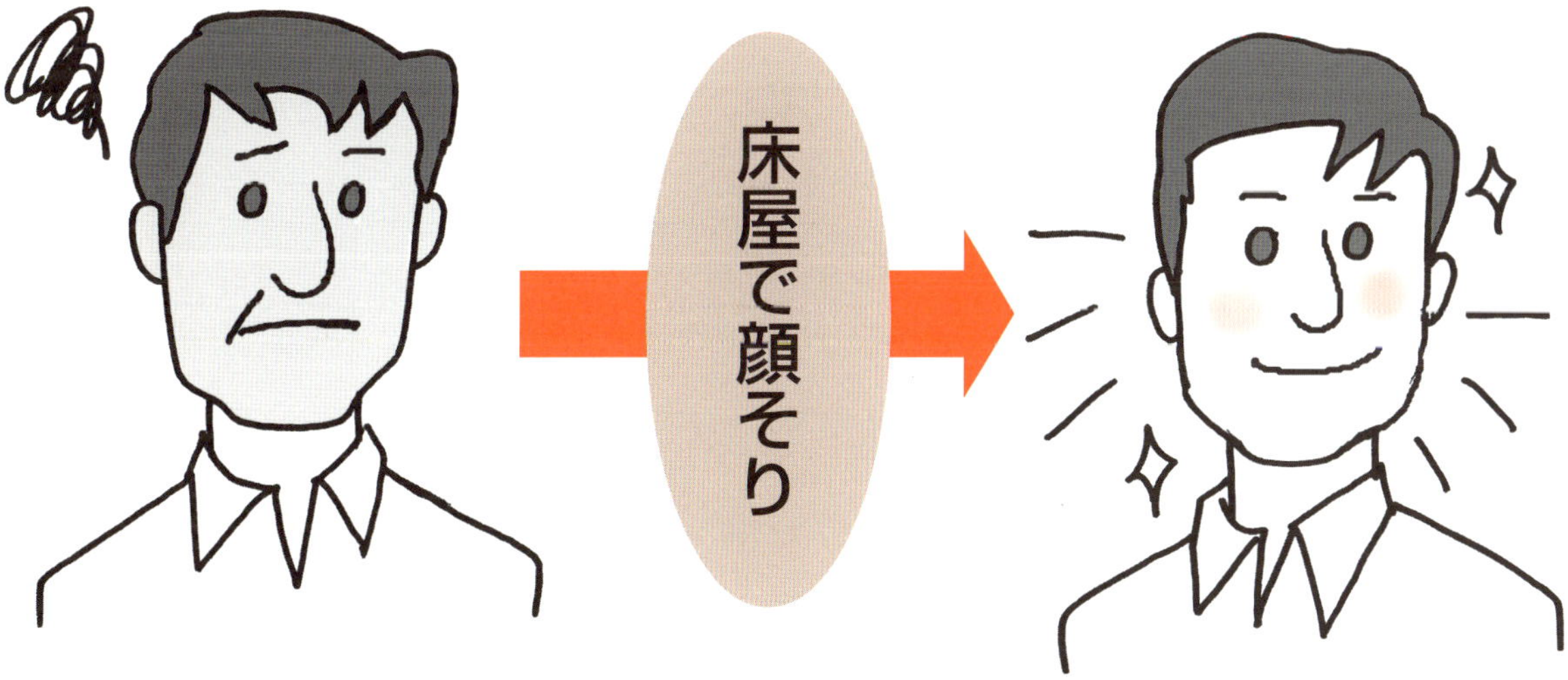

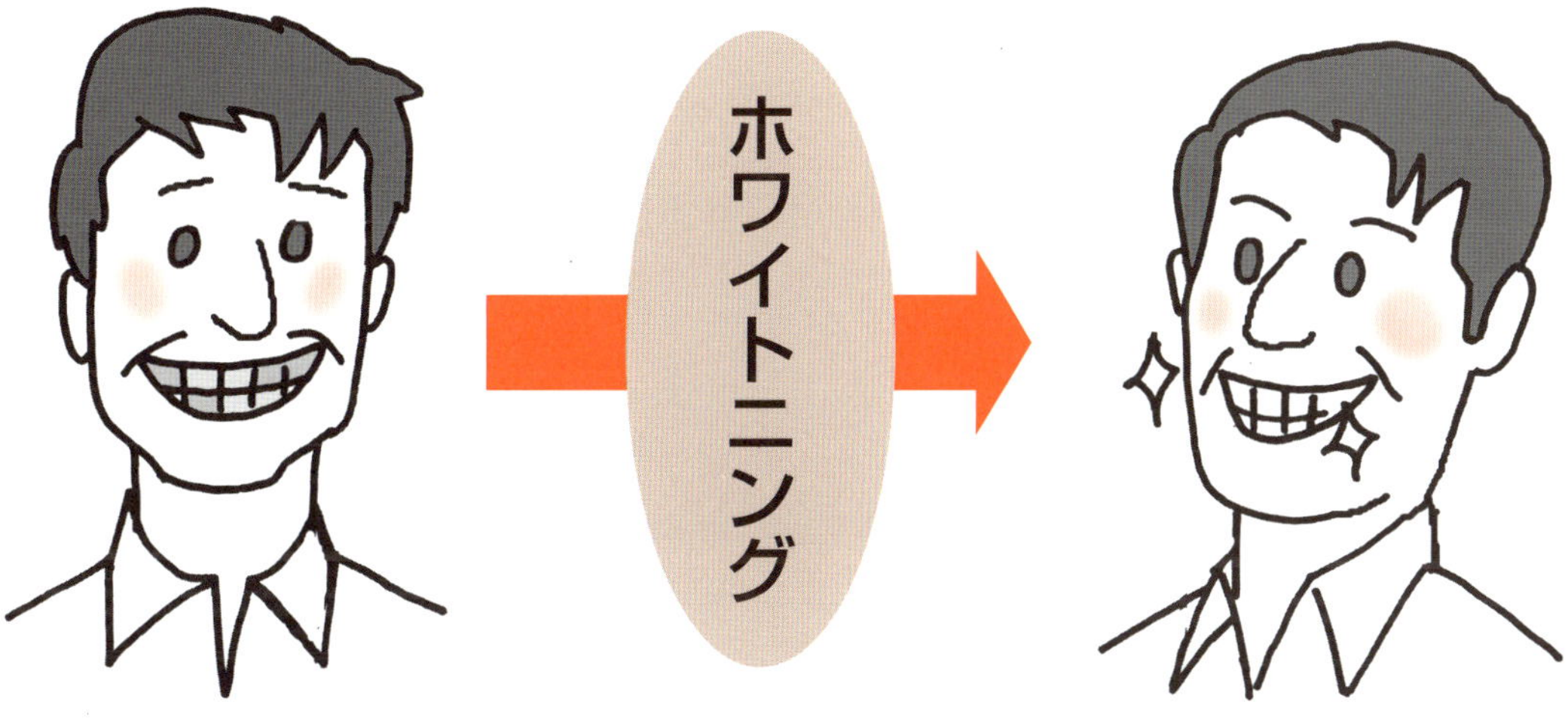

5 「男が肌の手入れ!?」と思う事なかれ。ハリとツヤはビジネスにも活きる

目指せ生涯現役 表情筋を鍛えて肌にハリを

女性の肌の曲がり角は二十五歳というのが定説です。一方の男性は何歳なのでしょうか。

諸説ありますが、自覚症状としては三十代後半から肌の衰えを感じる人が多いようです。（大塚製薬調べ）

この肌の老化、見た目の衰えを防ぐキーワードが、ハリとツヤです。

さて、いくつになっても見た目が若々しい職業の人たちがいます。それは歌舞伎役者です。彼らはいくつになっても女性からモテモテ。ある大御所は七十過ぎてから二十歳そこそこの女性とホテルで密会した現場を激写されました。まさに「生涯現役」です。

彼らの若々しさの秘訣は、肌のハリです。

歌舞伎では顔の表情を目一杯使って喜怒哀楽を表現します。これが表情をつくる筋肉である表情筋を鍛えることになり、顔全体にハリが出るのです。

年をとると、この表情筋が弛みます。何もしないと目尻がだらりと下がり、頬や口元も垂れ下がります。その結果「老け顔」になっていくのです。年をとると腹筋が弛み、内臓の重みを支えきれずお腹が出てしまうことに似ています。

表情筋を鍛えると、肌にハリが生まれ若々しさを保つことができます。

枯れたイメージを払拭 スキンケアでツヤを取り戻す

「年をとることは水分を失うことだ」と言う人がいます。私たちは年をとるにしたがって、体の水分がどんどん失われていきます。人生の中で最も瑞々《みずみず》しいのは赤ちゃんのとき。体内組成の約八十パーセントが水分です。これが成人のときには六十パーセント、晩年には五十パーセントを切るまで落ち込みます。軒下につるした柿が空気乾燥してシワシワに萎れていくことに似ています。

この加齢による脱水が如実に現れるのが、他でもない顔の肌です。乾燥し、ツヤを失い、パサパサ感が出て、「枯れている」という老けた印象を相手に与えてしまうのです。

一般的には、三十五歳を過ぎると肌の乾燥が進みますので、水分補給用のローションと保湿性のあるクリームをつけてください。朝の洗顔後とお風呂上がりに習慣づけるといいでしょう。このタイミングが肌の皮脂が洗い流されて最も保湿成分が失われているときだからです。

さて、「経営者の肌ツヤが悪いと、会社の印象まで悪くなる」と語るのはソニー元会長の出井伸之さん。人前でスピーチすることが多くなった四十代から肌の手入れをしっかりするようになったそうです。

確かに経営者は「会社の顔」ですし、組織のリーダーがしょぼくれたイメージでは部下の士気が高まりません。しかし、これは経営者に限った話ではなく、健康的で清潔感のある外見で、顧客や同僚に接したいというのであれば、全ての職種に共通することではないでしょうか。

「肌の手入れはビジネスマンのたしなみ」

スキンケアを生活習慣の中に取り入れましょう。

男の肌の曲がり角は三十代後半

歌舞伎役者がいくつになってもモテる理由

↓

肌のハリとツヤ

ハリ

年をとると表情筋が弛み目尻が下がってくる

↓

表情筋を使う習慣

ツヤ

年をとると水分が失われ肌がパサパサになる

↓

スキンケアの習慣

6 ファッションは移りゆくもの。昔と同じ服装では違和感が生じてしまう

女性が違和感を抱くおじさん臭いスーツを脱ごう

女性が違和感を抱く「おじさん臭い服装」にはある特徴があります。それは〝ダボっ〟としたルーズで大きめのサイズ感です。

スーツで言えば、大きな肩パット、手の甲が隠れるくらいの袖丈、ゆるゆるのパンツなど。一言でいうと「ダボっ」とした締まりのないシルエットです。

こうした「ダボっ」としたスーツを着ているのは中高年男性だけ。動きやすさを重視するというのが理由その一です。またバブルのときに流行したシルエットなので、そのときの感覚をひきずっている人もいるのでしょう。

一方の女性やイマドキの若者は体にフィットするサイズ感の服を好みます。体のラインがきれいに見えるからです。

このため、「ダボっ」としたサイズ感はおじさん臭い特徴として際立ち、ある種の違和感を抱かせてしまうのです。

おじさん臭さを脱するためには単純明快！

「ジャストサイズの洋服を選ぶ」です。

「脱・おじさん」を実現するスリムフィットを着よう

「ジャストサイズ」を実現するための有効な手段が「スリムフィット」です。

スリムフィットとはデザインの総称で、旧来の製品より体のフィット感を重視するものを指します。スリム＝痩せている人向け、という意味ではありません。あるメーカーのシャツで比較すると、旧来のものに比べて胸回りで五パーセント、ウエストで八パーセント程度絞られています。その結果、体のラインをすっきり見せることができるのです。

スリムフィットの効用はこれだけではありません。それは脚長効果です。

シルエットが細長いため縦のラインが強調され脚が長く見えるのです。

また、スリムフィットタイプのシャツやジャケットは脇腹に「くびれ」があります。人はくびれを見るとそこが上半身と下半身の転換点であると認識します。この転換点が「くびれ」によって高い位置に見えるので、脚が実態以上に長いと錯覚させることができるのです。

さらに脚長効果を高めるものをご紹介しましょう。つま先が長いタイプの靴、「ロングノーズシューズ」と呼ばれるものです。スリムフィットのパンツと同系色で組み合わせると、縦のラインがつま先まで伸びるため、さらに脚を長く見せることができます。

脱「おじさん」を志向するなら、スリムフィットタイプのスーツ、シャツ、パンツを選んでください。見た目の印象が大きく変わることでしょう。

ところで、ワニのロゴで有名な「ラコステ」のポロシャツをご存知ですか？ 七十五年の歴史がある定番中の定番商品です。

このラコステのポロシャツに二〇一一年からスリムフィット・モデルが投入されました（日本限定）。これは製品史上はじめてのことだそうです。

シルエットを変えることはタブー中のタブー。しかし、頑に守ってきた伝統も時代の流れには逆らえなかったのです。

全身から おじさん臭さを 排除しよう

女性に違和感を持たせない ファッションのポイント

女性ウケのいいスーツ

体のラインがきれい

脚長効果

おじさん臭いスーツ

動かしやすさ重視

ダボっとしたシルエット

7 小物の影響は意外と大きい！基本セオリーを押さえてイメージアップ

お洒落な人になるためのメガネ三分の一の法則

10ページで髪型の黄金比率について説明しましたが、メガネにも同じような法則があります。

私が「メガネ三分の一の法則」と呼んでいるものです。

メガネの横の幅は誰でもジャストサイズなものを選べます。大きすぎるとずり落ちるし、小さいとキツいと感じるからです。

ポイントは縦の長さです。これが「眉間からアゴまで」の長さの三分の一以内が適正値なのです。このサイズ感だと素敵なおじさま風になり、逆に大きいとおじさん臭くなってしまいます。

メガネと同じようにネクタイやポケットチーフなど小物の使い方も重要です。面積が小さいわりに身に着ける人のイメージを大きく左右するからです。

ここで本題に入る前に、服のスタイリングの三大要素について説明します。

・シルエット
・カラー・コーディネート
・小物

小物の使い方で差がでる服装術の基本セオリー

「シルエット」は18ページで説明したとおりジャストサイズを選ぶことがポイントになります。

具体的にはスリムフィットタイプの洋服を選ぶとスタイルがよく見え、おじさん臭さを払拭できます。

次の「カラー・コーディネート」は色の配色のことです。〝ベースカラー〟を全体の四分の三の面積に配色するのが基本的なセオリーです。

ベースカラーとは、黒、紺、グレー、茶、ベージュなどの基本色と呼ばれる色のこと。これらを全体の四分の三の面積に配色するとバランスがよくなります。

これは決して難しい話ではなく、例えば、ジャケットとパンツをベースカラーにすればいいというシンプルなセオリーです。

ベースカラーは人を選ばず誰でも似合い、着まわしも効いて経済的です。しかし、これだけだと外すことはありませんが、無難な印象しか残せません。

そこで残りの四分の一は〝アクセントカラー〟といって赤やブルーなど印象的な色を配置します。

ジャケットのVゾーンのシャツやネクタイの色がこれにあたります。

最後の要素が「小物」。ここにアクセントカラーや上質な素材を配置します。

具体的には、ネクタイ、ポケットチーフ、ストールやマフラー、カフスボタン、ベルトなどです。これらがスパイスとなり、ぐっとお洒落感がでるのです。

このやり方は、特別なファッション・センスや流行の知識を必要としません。服装に興味がない人向けです。そうした人の外見レベルを一気に底上げします。

簡単にでき、オフィスやパーティーで女性の反応がよくなった、という声を私は相談者の人からよく聞きます。ぜひ試してみてください。

これだけ差が出る服装術の基本セオリー

特別なファッションセンスや知識は必要ない

服のスタイリング三大要素

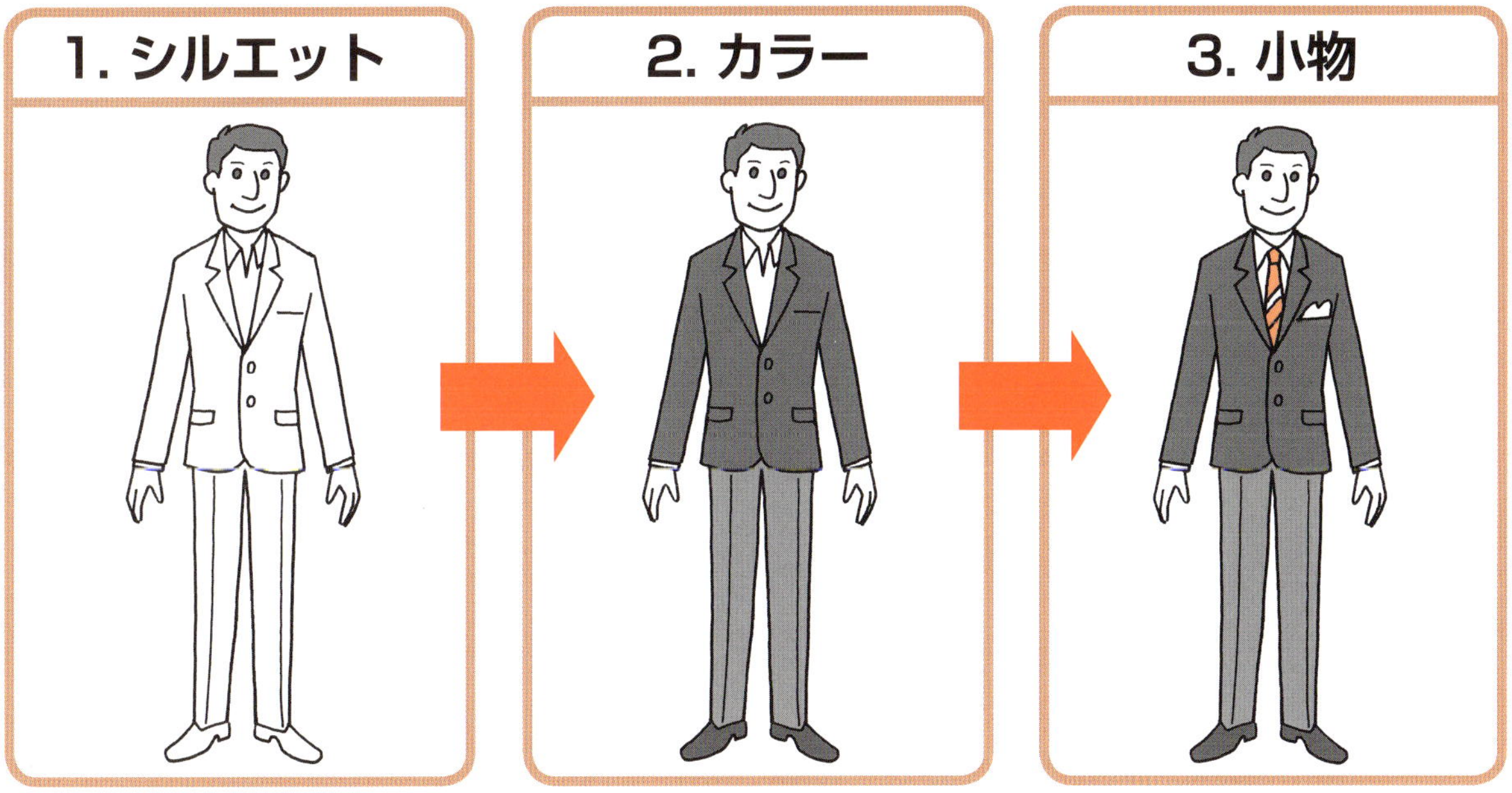

小物づかいで差が出る

8 間違いだらけのニオイ対策。シャンプーや香水の使い方を見直そう

大敵・加齢臭対策はシャンプーから

文字通り「おやじ臭い」もの、それは加齢臭です。早い人で三十代後半、遅くても五十代になると、私たちは体から発する加齢臭と向き合わなくてはいけません。

女性はこの臭いに大変敏感です。

先の「三十五歳は男の曲がり角」という調査でも、約半数の女性が老いを感じる要素として加齢臭をあげています。

加齢臭は「オスとしての旬は終わった、気をつけて」という女性への警戒サインという説があり、見落とせないポイントです。

臭いの特徴としては、青カビと油が混ざったものと表現されます。慣れない人は異臭と感じます。

対策としては、加齢臭の原因となる皮脂を増やさないこと。そのためには不摂生な生活習慣を改めることが有効ですが、即効性に欠けることが難点です。

手っ取り早くダイレクトに効くのは、各種の加齢臭対策グッズを利用することです。いまや高齢化社会だけあって、下着や靴下から石鹸まで様々なものが揃っています。

こうした中、最も効果があり、最も見落とされがちなものが、「シャンプー」です。

体は洋服で覆われていて臭いにくい一方、頭は何も覆われない素のまま。このため臭いを周囲に発散しやすいのです。

加齢臭対策はまず頭から。そして洗髪するときには髪の毛だけでなく、加齢臭がにじみ出る頭皮を洗うことを習慣づけましょう。

デオドラントと香水 適材適所で使い分け

「体臭を抑える香水を教えてください」という質問を何度か受けたことがあります。しかし、この質問の前提自体が間違っています。

どういうことでしょうか？

塗るタイプの体臭対策には、香水だけでなくデオドラントがあります。質問者の人はこの二つを混同しているのです。

デオドラントは体臭や汗の臭いを防ぐ薬剤です。一方の香水は香りを愉しむための嗜好品。役割も使い方もまったく違うものなのです。

例えば、ワキや足の臭いを消すために香水を使うと、お互いの臭いが混じり合い異臭が発生することがあります。こうした体臭を抑えるには、殺菌剤や乾燥剤が入ったデオドラントの方が適しています。

デオドラントと香水は上手に使えば、体臭を抑え、お洒落で清潔感のあるイメージを相手に伝えることができます。

そのための第一歩が正しい使い分けです。適材適所な使い分け方を左にまとめました。ぜひ参考にしてください。

＜デオドラント＞
ワキや足、局部などの汗や皮脂の分泌が多いところ。

＜香水＞
手首や肘、ウエストの両端、ひざの裏側など汗をかきにくいところ。胸の間や体の全面は香りが立ち昇ってきやすいので避けたほうが無難。

文字通りの「おじさん臭さ」を撃退しよう

女性は加齢臭に敏感

↓

一説には、旬が終わったオスを知らせる警戒サイン とも…

↓

不摂生な生活習慣を改めることで改善

即効性のあるものは

頭は臭いを発散しやすい

正しい使い分けでニオイを抑えこもう

9 キーワードは「清潔感」。3＋3の習慣で爽やかさを獲得しよう

清潔感のある人の臭いと汚れを打ち消す三つの習慣

ここに興味深い調査結果があります。それは、二十代三十代のOLがおじさん世代と付き合う条件は何かというもの。ダントツのトップは清潔感。何と八十四パーセントの女性が条件にあげているのです（養命酒製造調べ）。他の類似の調査でも「清潔感」は必ず上位にランクインするから不思議なものです。そんなに、おじさんは汚いと思われているのでしょうか。

「清潔感」と一言でいっても、その意味するところは人によって異なります。極端な例でいうと、エッチな話を毛嫌いする女性は「不潔！」という言葉を口にします。

しかし、誰に対しても「清潔感」を感じさせるには、臭いと汚れを物理的に消去することです。これは日々の生活習慣がものをいいます。まめな入浴と洗髪は言うまでもなく、次の三つを習慣つけてください。

・毎食後の歯磨き
・むだ毛の処理
・ツメの手入れ

「毎食後の歯磨き」は、言うまでもなく口臭予防。口臭は歯についた歯垢か、内臓の病気、唾液の減少が原因です。いずれも中年以降にかかりやすくなるので、若い時よりも一層注意する必要があります。

女性は男性に比べて口臭に敏感です。ある調査によると、オフィスで食後に歯を磨く女性は男性に比べて二倍もいるそうです（日経BP調べ）。お昼に食べたラーメンが口臭の原因になった、なんてことがないように歯磨きは毎食後を心がけましょう。

「むだ毛」の処理も重要です。鼻毛は言うにおよばず、年をとると耳毛が生えたり、まゆ毛が異常なほど長くなったりします。これは、おじさん臭い雰囲気を強烈に感じさせるので要注意です。

対策としては、ヒゲそりと同じように習慣化することです。おすすめは電動の「エチケットカッター」と呼ばれるもの。鼻毛はもちろんのこと、耳たぶなどの微妙なラインを安全に剃ることができます。

「ツメの手入れ」は年齢にかかわらず注意を払う必要がある部分です。女性にとってはネイルアートなどおしゃれをするポイントです。自身が注目しているところなので、男性のツメに対しても同じ視線を投げかけるからです。

清潔感のある人の服装についての三つの習慣

清潔感のある服装も日々の習慣がものをいいます。具体的には次の三つ。

・スーツとパンツにアイロンをかける
・襟元の擦り切れたワイシャツは捨てる
・毎日同じ靴をはかない

よれよれでシワだらけのスーツ姿はだらしなく見えるだけでなく、清潔感を感じさせません。スーツは脱いだらスチームアイロンでシワを伸ばす。パンツはアイロンやプレッサーなどで折り目をつけましょう。

ワイシャツは洗濯を繰り返すと襟元や袖口が擦り切れます。こちらも見た目はよろしくありません。すり切れたら「寿命を全うした」と思い、捨てましょう。

靴は毎日同じものをはかないこと。これは靴を長持ちさせるだけでなく、臭い対策にもなります。足の臭いは足自体だけでなく靴が臭いことも原因となるからです。

清潔感を生む 3＋3の習慣

20代～30代OLに聞いた おじさん世代とつきあう条件 ＝ 清潔感

臭いと汚れを絶つ 3つの習慣

1. 毎食後の歯磨き
2. ツメの手入れ
3. むだ毛の処理

服装についての 3つの習慣

1. スーツにアイロン
2. すり切れた ワイシャツは捨てる
3. 毎日同じ靴を履かない

10 外見の変化が内面を変える。内面の変化は外見をさらに磨く

たかが外見、されど外見。女性の反応がガラッと変わる

外見を変えると女性の反応がぐんとよくなります。婚活の場やデート相手だけでなく、オフィスでも「最近、雰囲気変わりましたね」と好意的な言葉をかけられるようになります。

こうした話を私は何人ものクライアントから聞いてきました。その中で面白い話を紹介します。四十代前半の技術者の方。若いときから外見に無頓着でしたが、この本に書いてあるアドバイスを取り入れ、髪型や服装を変えたところ、印象が劇的によくなりました。

ある日、その人がたまに行く六本木のカフェに入ったら、外の通りから一番目立つ窓際の席に通されたそうです。それ以前にはいつも奥のトイレに近い席だったというのに……。

窓際の席は外国人やモデルなどのいわば指定席。店のイメージアップにつながる人を意図的に座らせるのです。本人は戸惑いを感じつつ、「これで人生、変わるかもしれない」と思ったそうです。

「たかが外見、されど外見」

見栄えをよくするだけで周囲の対応が変わります。そして当の本人も外見だけでなく内面も変わります。自信が生まれ積極的になるのです。「街を歩くのが楽しくなった」「人と会うのが好きになりました」など、内向きな性格が明るく社交的になる例さえあります。

この内面の変化が、恋愛だけでなく日常生活や仕事にもプラスになるのは言うまでもないでしょう。

自己改革に必要なのは小さくても「成功体験」

中年男性の婚活や恋人づくりで必ずぶつかる大きな壁が、「おじさん臭い外見」「女性とのコミュニケーション不全」「慢性的な出会い不足」です。

この三つの中でまず取り組むべきは「外見」です。なぜなら最も成果を上げやすいからです。

ここで話が横道にそれますが、〝改革〟の話をしましょう。

ゴーン革命をご存知でしょうか？

倒産寸前の日産自動車をカルロス・ゴーンという経営者がわずか一年で復活させたのは有名な話です。その彼が重要視したのが「成功体験」でした。

会社を変えるために何かをする。そして成果が出ると、人は「やればできるんだ」と思います。逆に成果が出ない状況が続くと人は必ず挫折します。会社を再生させる難事業に社員を立ち向かわせるための原動力は「成功体験」だ、ゴーンさんはそう考えていたそうです。

このため改革の初期段階では、小さくても目に見える成果を出すことを重要視したそうです。その結果、「日産リバイバルプラン」と名付けられた改革は大成功。V字回復と言われる再生を果たしたのです。

婚活や恋愛も一緒です。

目に見える成果を出すことは、自己改革する上で非常に重要です。外見はやればやっただけ成果が出やすい分野。

まずは外見を整えて、成果を出すことが中年世代からの婚活や恋愛で重要なポイントとなるのです。

たかが外見
されど外見

1 見栄えを良くする

2 周囲の対応が変わる

3 自信が生まれ積極的になる

小さな成功体験の積み重ね

↓

自己改革を生む

コラム

外見改造チェックシート

第1章では外見の磨き方について説明してきましたが「どこから手をつけたらいいんだろう?」と迷う向きもあるでしょう。そこで次のように三つの分野に整理して優先順位を明確にしました。

・短期間で即効性がある改善策
・ある程度の時間がかかる改善策
・毎日の習慣にするもの

短期間で即効性があるものは、すぐに始めるべきものです。一気にあなたを「即戦力」に仕立てるために必要な施策です。このうち、髪型、顔そり、ヘアマニキュア、ショートヘアによる薄毛対策についてはデザイン力のある理容店（ヘアサロン）で一括して行うことができるのでおすすめです。デザイン力のあるお店は概してコンテスト出場に熱心なので、受賞歴を店頭やホームページで確認するといいでしょう。

「毎日の習慣にするもの」に関しては、身につくまでの間、無意識に手が届く範囲に置いておくのがいいでしょう。例えば、スキンケア用品は棚の中ではなく、出しっ放しにしておくとか、毎日の習慣になっているひげ剃りの近くに置いておくなど。

優先順位①　短期間で即効性がある改善策

- ☑ 髪型のトップ・サイドの適正化
- ☑ 薄毛に効く髪型
- ☑ ヘアマニキュア（白髪染め）
- ☑ 顔そり

（＊）これらはデザイン力のある理容店（ヘアサロン）で一括して実施可能

- ☑ ジャストサイズのシルエットとして、スリムフィットのジャケットシャツ、パンツ。ロングノーズタイプの靴には脚長効果あり

優先順位②　ある程度の時間がかかる改善策

- ☑ 薬による薄毛治療（半年程度）
- ☑ 歯のホワイトニング（1～2ヶ月）

毎日の習慣にするもの

- ☑ スタイリングフォームを使った髪のスタイリング
- ☑ スキンケア
- ☑ デオドラント（デオドラントシートなど）
- ☑ 毎食後の歯磨き
- ☑ むだ毛処理（エチケットカッター）
- ☑ スーツにスチームアイロン
- ☑ 靴のローテーション（毎日同じ靴をはかない）

Part 2

いくつになってもモテる人の「出会い」の習慣

1 劇的な変化がおきている！「出会いの場」の驚くべき実態

中年男性の深刻な課題「出会いがない」

「出会いがない」は深刻な悩みです。出会いがないと恋愛のスタートラインにさえ立つことができないからです。

また、年をとると身の回りから「出会い」がどんどん減っていきますから、私たちの世代にとっては非常に悩ましい話です。例えば、職場での出会いが激減します。経済産業省の調査によると、二十代前半に比べ四十代前半では職場での出会いが三分の一にまで落ち込むそうです。

そこで重い腰を上げて、有料の出会いの場に出向いてもそこにはいい出会いがありません。なぜなら、年齢自体がハンデになってしまうからです。

例えば、婚活の場では、四十歳を超えると子供が独立する前に定年になるという理由から多くの女性の希望条件から外れてしまいます。お見合いパーティーでは年齢による足切りが始まります。ある有名な業者では、四十歳以上で参加できるものは全体のわずか十五パーセント。しかも、それらは医者や弁護士など定年がないごく一部のセレブ限定です。

出会いの場の意外な実態ネットが出会いの場の主流に

左ページのグラフは異性との出会いのきっかけに関する調査結果です。

まず、「職場」「学校」「紹介」を見てください。それぞれ高いシェアです。これは身の回りから出会いが生まれやすいということを意味します。しかし先に述べた通り、年をとるとこうした場での出会いが激減します。また、意図的に出会いを生み出せないことも難点。「出会いがあればラッキー」程度に考えた方がいいでしょう。

注目ポイントは、何と言ってもネットでの出会いです。シェアが二十パーセントを超えているのです。うさん臭く怪しいイメージがつきまとう一方で、いまや出会いの場の主流になっているのです。

意外に感じるのは合コンのシェアの低さではないでしょうか。

私たちが若い頃、出会いの場の定番は合コンでした。そして今も出会いの場というと多くの人が合コンを連想します。しかし、合コンで出会った人はわずか四パーセントしかいないというのが実態なのです。

一昔前には存在すらなかったネットの躍進、合コンの意外な低調ぶり。出会いの場は劇的な変化をとげているのです

その証拠にネットの出会いビジネスに大手資本が次々と進出しているのをご存知でしょうか。例えばマイクロソフトやヤフー、伊藤忠商事など。また、楽天やスーパー最大手のイオンが婚活サービスの一環として力を入れています。

ごく一部の悪徳業者による詐欺行為が依然としてある中で、大手資本によって健全化が図られているのです。

こうした現状に加え、SNSのミクシィやGREEがある種の社会インフラ化していることを考え合わせると、もはやネット抜きに異性との出会いを語れない時代になったと言えるでしょう。

そして（後述しますが）中年男性にとっては、年齢のハンデを打ち消す力を持つ心強い存在です。ネットは「いくつになってもモテる人」必須の習慣なのです。

大手資本も進出しているネットでの出会い

中年男性の深刻な悩み

↓

出会いがない

20代前半に比べ、40代前半では
職場での出会いが、なんと３分の１に

↓

出会いの場の実態は？

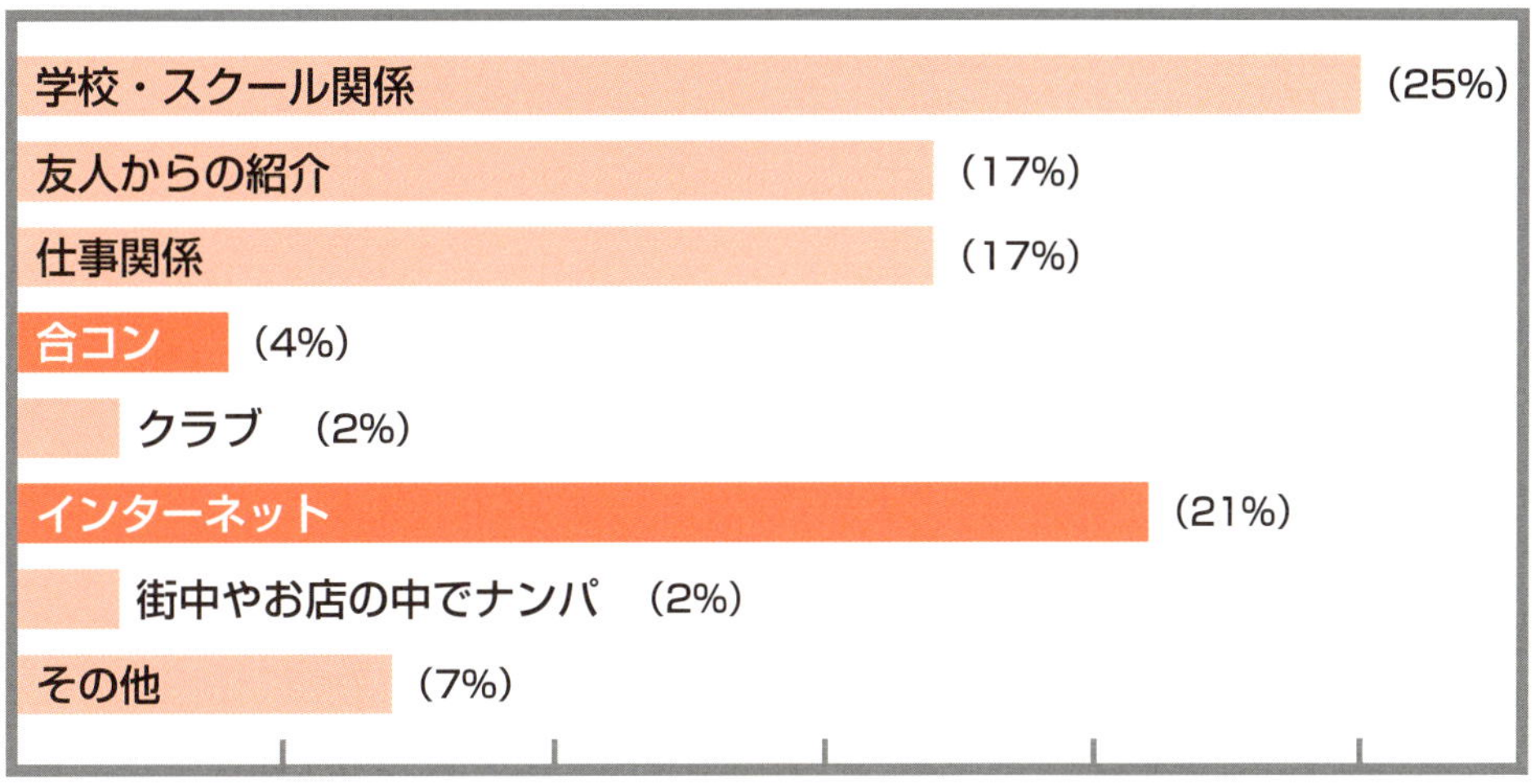

↓

注目すべきは合コンとネットのシェア
なんとネットが合コンの５倍である！

2 「出会いの場＝合コン」というイメージにまどわされるな

出会いの場といえばなぜ合コンを連想するのか

多くの人が出会いの場として思い浮かべるのが合コンです。しかし、期待するほどの出会いがないのが実状です。

実際のところ、合コン経験者の話を集約すると次のようになります。

「かた苦しい雰囲気で、つまらない話をして疲れただけ」とか「三次会まで粘ったけど、メルアド交換が関の山」など。そのメルアド交換も真剣交際に発展しなかったのでしょう。31ページの調査結果にそのことが如実に現れています。

では、なぜイメージと実態の乖離が起こるのでしょうか。

話は明治時代にまでさかのぼります。

当時、学生が集まって行う酒盛りを「コンパ」と呼んでいました。しかし「男女席を同じゅうせず」の時代。コンパは男女別々に開かれていたのです。

これが一九七〇年代になると、世間は男女交際に寛容になり、男女別々のコンパが合同で行われるようになったのです。だから合同コンパ、略して合コンなのです。

合コン以前は見知らぬ複数の男女が知り合う場などなかったので、合コンは画期的なシステムだったという訳です。

この鮮烈なイメージは今も色あせることなく、「芸人の誰々がモデル風美女をお持ち帰り」などマスコミで報道される度に、なるほど合コンはいい思いができるのだと「出会いの場といえば合コン」という図式が刷り込まれ続けることになるのです。

そもそも合コンはモテる人がモテる場所

合コンは万人向けではありません。合コンでモテる人は次のような人です。

・会話上手
・大勢の人の中でも萎縮せず自分を出せる
・異性に対して積極的
・ブランド力がある（芸能人、ブランド企業、医師や弁護士）

こうした人たちは合コンだけでなく、放っておいてもモテる人です。

結局、合コンはモテる人がいい思いをできる場であって、これからモテるスキルを上げる人向けではないということです。

ところで、「マインドシェア」という言葉をご存知ですか？　これは、「○○といえば？」と聞かれてパッと思い浮かぶ製品名のシェアのことです。

例えば、「絆創膏といえば？」と聞かれると多くの人が「バンドエイド」と答えます。バンドエイドは総称ではなく、ある企業の製品名。この場合、バンドエイドのマインドシェアは高いと言えます。

マインドシェアが高いとマーケットシェアが高いというのがビジネスの世界の定説ですが、「出会いの場」に関してはこの法則が当てはまりません。

合コンのマインドシェアは高いのに、マーケットシェアは低い。

この逆がインターネットです。

ネットの出会いは、怪しいイメージが先行していますが、いまや出会いの場の主流なのです。

出会いの場では、人々の意識と実態にねじれ現象が起きています。このねじれ現象に惑わされず本当に効果的な出会いの場を見極めることが肝心なのです。

本当に効果的な出会いの場を見極めよう

出会いの場と言えば…

しかし…

合コンは万人向けではないく
期待するほどの出会いがない

一方で…

ネットはうさん臭く怪しいイメージがあるが
今や出会いの場の主流

3 出会いの場のトレンドはすでにインターネットへと移っている

ネットの優位点・その一 勝率の低さを量でカバーできる

ネットでの出会いは、「怪しい」「うさん臭い」というイメージがありながら、なぜ出会いの場で大きな存在感を示しているのでしょうか?

それは「出会いの場」の優劣を決める三つの要素において、生産性と利便性が圧倒的に高いからです。

出会いにおいて「量」は重要な要素です。アプローチする人数が多ければ多いほど、趣味や相性が合う人に出会う可能性が高くなります。また、私たちの年代では、年をとるたびに出会いの場における勝率は低くなっていくので、この考え方はさらに重要な意味を持つのです。

〝勝率の低下を量でカバーする〟

これは、中年男性が「出会いの場」で成功するための重要な戦略なのです。

この「量」を確保する上でネットは最適なツールです。スケールメリットという特性が生かされるからです。

ネットの優位点・その二 自己アピールに最適

リアルの出会いの場、例えば合コンやお見合いパーティーでの自己アピールは難しいものです。

この点、ネットはプロフィールページ自体が絶好の媒体になり、いろいろな情報を相手にじっくり伝えることができます。例えば、職業や居住地などの属性情報から、趣味や休日の過ごし方などのライフスタイルに至るまで。

また、日記機能やブログを活用すると、親近感を抱かせることも可能になります。

私の相談者で有機野菜の栽培が趣味という人がいます。この人は、手塩にかけて育てる様子や収穫を友達と楽しんだ話など、写真を上手に使って日記に書いています。

この日記を読んでいると実際に会った女性は大抵「はじめて会った気がしない」と言うそうです。日記を通じて彼の日常生活に慣れ親しんでいるからです。芸能人のブログを読むと会ったことがないのに親しみを感じるのと同じ効果です。

ネットの優位点・その三 会う前に仲良くなれる

女性との会話が弾まない、このため親密になれない、という悩みをよく聞きます。

解決策はシンプルです。

「会ってから親密になれないなら、会う前に親密になれ」

ネットでの出会いなら可能です。

まずプロフィールページで「はじめて会った気がしない」と言われるまで親近感を高めることができます。

もう一つの仕掛けがメールです。メール交換をすればするほど親近感が増します。心理学でいう「単純接触効果」。まめに顔を出す営業マンに情がわくのと同じ原理です。

私の相談者で、同じ歴史好きの女性とメールで盛り上がり、初対面から意気投合したという人がいます。普段はおとなしく口数が少ない人ですが、「彼女とは、お互いに、昔からの知り合いのような気がした」そうです。

なぜインターネットがいいのか？

インターネットでの出会い

優位点① 出会いの量が多い

年をとって下がった勝率をカバーできる

優位点② 自己アピールがしやすい

プロフィールページで、自分の情報を1対1でじっくり伝えることができる

優位点③ 会う前に仲良くなれる

プロフィールページで人となりを伝え、メールで親近感をわかせているので初めて会った気がしない

4

「三高」から「価値観」へ。女性の求めているものを知ろう

女性が求める条件が変わった「三高」から「価値観」へ

「三高」という言葉を覚えていますか？　収入・学歴・身長の三つが高い、だから三高。一昔前のモテる男の代名詞でした。

ここに面白い調査結果があります。テーマは「結婚相手に求める条件」（ゼクシィ調べ）。回答者二六八人のうち、約九十六パーセントが女性なので、「女性が結婚相手に求める条件と読み替えてもいいでしょう。

一位は「性格」。当たり前と思える結果ですね。注目すべきは二位以下です。

二位の「価値観」が、三位から五位の「収入・職業」「ルックス」「学歴」のまさに「三高」を大きく引き離しているのです。「価値観」という目には見えない内面的な要素が、三高という外面的な条件を上回っているのです。

「年齢」や「年収」「学歴」など外面的な条件で選別されるところではなく、「価値観」がきっかけで交流が始まるところに出会いの場を求めると中年男性の恋愛のあり方が大きく変わります。

具体的には、SNSや趣味のコミュニティ、カルチャーセンターなどです。こうした場所では、同じものが好き、同じことに興味がある、一緒に楽しめる、といった「価値観」がきっかけで交流が始まります。

私は四十歳過ぎてから、いろいろなカルチャーセンターに行きましたが、「何が好きですか？」と聞かれる事はあっても、「収入は？」とか「おいくつですか？」といきなり聞かれることはありませんでした。こうした場では親しくなる前に、婚活のように、「年齢」や「収入」などの条件で選別されることはあり得ないのです。

年齢のハンデを打ち消す「価値観が合う」

私の相談者で婚活では連戦連敗でもSNSで十歳年下の彼女ができた人がいます。彼女とは、大ファンである阪神のSNSコミュニティのオフ会で知り合ったのです。「アウェイの巨人戦で一緒に応援して連帯感を味わったせいか、試合後の飲み会で話が盛り上がりましたね」。そして「同じ関西出身で大のタイガースファン。とにかく話が合うんです」。

この手の話は山ほどあります。それを裏付けるのが「アラフォー女性の出会いのきっかけ」に関する調査です。

結果は、「紹介」「職場」「仕事関係」など自然発生的に出会いが生まれる身近な場を除くと、「価値観が合う」ことをベースにしたSNSや趣味のコミュニティが主流になっているのです。私たちと同じように年齢がハンデになるアラフォー女性は、既に「価値観」をきっかけにして、出会いの可能性を格段に広げているのです。

私の知り合いの三十四歳の女性編集者は十一歳年上の男性とグルメ好きが集まるSNSのコミュニティで知り合って結婚しました。趣味も食べ物の好みも一緒なので、年の差は気にならなくなり、親から結婚を反対された時には反発心さえ生まれ、「親をどう説得するか」考えを巡らすようになったそうです。

婚活の場で年齢は「選別条件」ですが、価値観をきっかけに親密な関係を築いた後は「妥協要素」になるということです。

年齢のハンデを打ち消す「価値観が合う」

女性が求める条件が変わった

アラフォー女性も出会いのきっかけは「価値観」

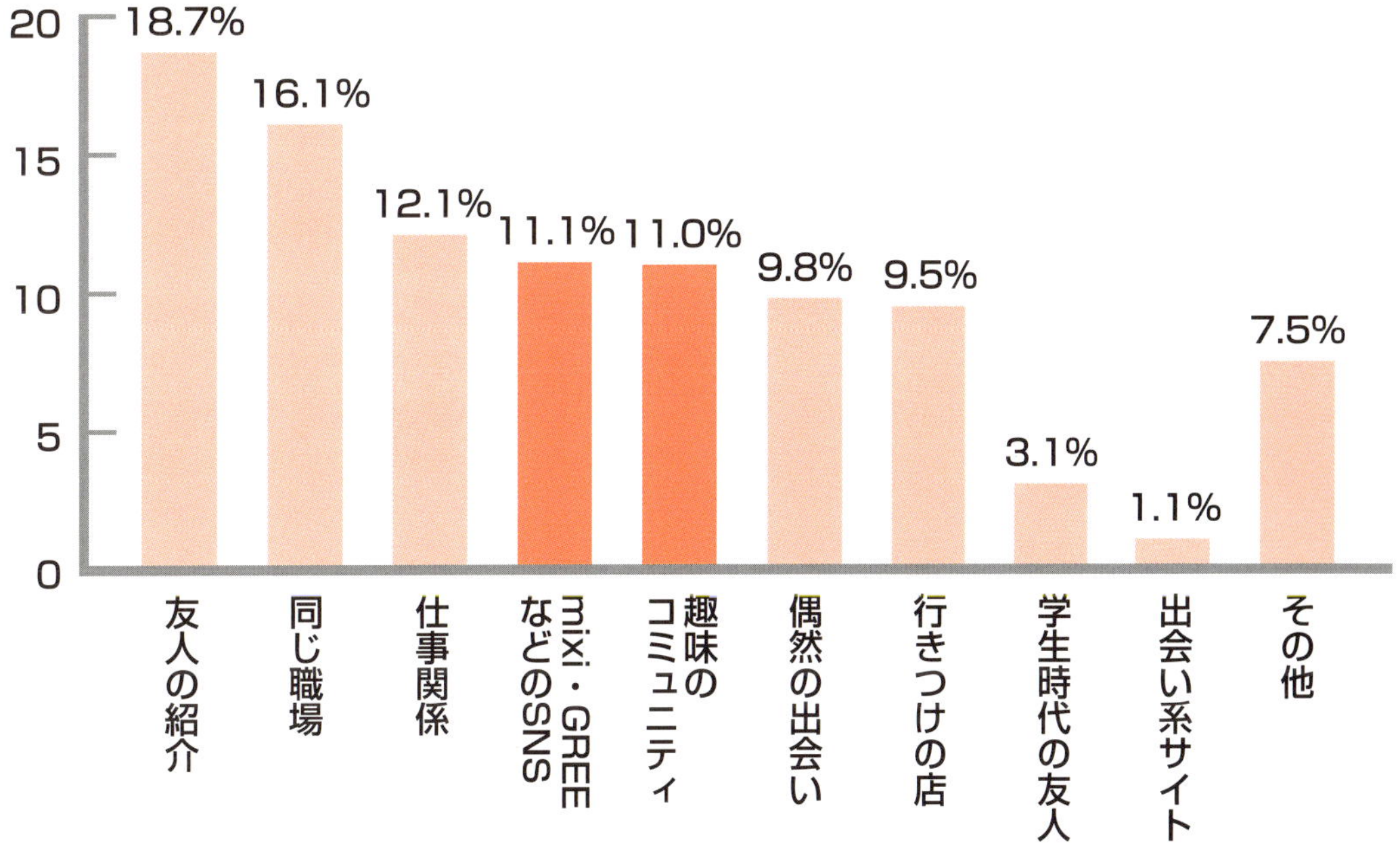

5 中年男性の最終兵器。SNSとはそもそも何か？

価値観×ネット＝SNSインターネットの社交場に注目！

これまで説明してきた価値観がきっかけになる出会いの場にネットの優れた点を併せ持つのがSNSです。

SNSとは、ソーシャルネットワークサービスの頭文字をとったもので、一言で言うとインターネット上の社交場です。人と人とが出会い、交流するための様々な機能を提供するサイトの総称です。

日本ではミクシィやGREEが代表格で、それぞれ会員数が二千万人を超える巨大サイトです。

このSNSで異性との出会いはないと思っている人がいますが、実態はその逆です。

SNSで多くの出会いがあることが、様々な調査結果に示されています。

女性はSNSでの出会いに前向きです。例えば、ミクシィの女性ユーザーに対する調査では、何と約七割の女性が「異性との出会いアリ」と答えているのです。

SNSにおける出会い方には、様々なパターンがあります。コミュニティの掲示板でやりとりをしながら親密になる人もいれば、先の阪神ファンのようにオフ会からという人もいます。

ダイレクトな方法としては、プロフィールページを見て気になる相手に直接メールをする人もいます。

ミクシィの女性ユーザーに対する調査では約七割の女性が見知らぬ男性からのメールに返信した経験があると回答していることから、決して珍しいことではありません。

ちなみに、私や私の相談者の多くがこのやり方をしています。

インターネットの社交場が恋愛のあり方を変える

私の相談者である多くの中年男性がSNSで恋人づくりに成功しています。

他の出会いの場で苦戦する年代の人たちがなぜSNSではうまくいくのでしょうか。

その答えは「年齢」というハンデを打ち消す特徴がSNSにはあるからです。具体的には次の三点です。

・勝率の低さを量でカバーできる
・交流のきっかけは「価値観（趣味趣向など）」。年齢が選別条件にならない
・人と人が知り合い、交流を深める機能が充実している

もちろん、露骨なナンパ行為は厳禁です。運営会社の規定に違反しますし、女性も変なアプローチは受け入れません。

趣味や趣向を切り口に交流をスタートさせ、コミュニティやメールで親密になり、自然な流れで会うというのがSNSの本来の趣旨に合った使い方です。

繰り返しになりますが、女性が男性に求める条件である「価値観」とインターネットの利点を併せ持つのがSNSです。

日本を代表するミクシィとGREEを合わせると会員数が四千万人という莫大なもの。

インターネットの社交場SNSは恋愛のあり方さえ変える、計り知れない巨大なポテンシャルを持っているのです。

SNSを利用して効率良く出会おう

価値観×インターネットの利点＝SNS

趣味などを切り口に交流をスタートさせる

↓

コミュニティやメールで親密になる

↓

自然な流れで会う

6 ネット活用【実践編】。出会いまでの五つのプロセス

ネット上での女性の行動パターン 恋愛アイサスの法則

SNSや婚活サイトなどで、交流のない男性からはじめてのメールを受け取った女性が必ずとる行動があります。

それは、「相手（男性）のプロフィールを確認する」というもの。

メールを読んでその男性に関心を持ったら、プロフィールページで人となりを確認するのです。

私の経験では、返信があった女性の約九十九パーセントが私のプロフィールを見ています。

これは他ユーザーの訪問記録を閲覧できる機能（「あし跡」）で確認することができます。女性はメールの内容だけでなく、男性のプロフィールページの内容も見て返信するかどうか決めるのです。

この行動パターンをモデル化すると、

・初メールに注意を引かれる
・メールの内容がよければ関心を寄せる
・男性のプロフィールページを見る
・メールの返信をする
・（SNSの場合）親しくなったら、リンクをはったり（ミクシィの場合のマイミク）、紹介文を書く

となり、さらに簡略化すると、

「注意」→「関心」→「検索」→「行動」→「情報共有」

となります。実はこれは、インターネットでモノを買ったり、旅行先や外食先を探すときの行動パターンと同じです。例えば、話題のラーメン屋に興味を引かれ、ネットで口コミ情報を見る。よさそうだったら出かけ、感想をブログに書き、友達と情報をシェアするといった具合です。

この五つのプロセスからなる行動パターンはそれぞれの英語の頭文字をとって「アイサスの法則」と呼ばれています。

企業はこの流れに消費者を誘導すると購買率が上がると言われています。

同じように、この流れに女性を誘導することができればメールの返信率は上がるのです。

返信率を上げるための基本的な考え方

しかし、かなり多くの人がぶつ切りの断片的なアクションで、この流れをつくれないでいます。代表的な例が、初メールが誰にでも送っているコピーメールと見破られてしまうパターン。

また初メールの内容がよくてもプロフィールページが悪いケース。SNSの場合には友人一覧が女性だらけとか、エッチ系のコミュニティに入っていると女性に警戒されてしまいます。

アイサスの流れに誘導して、返信率を上げるには、初メールの内容とプロフィールページを上手に作成する必要があります。これは42～45ページで説明します。

また、女性の日記にコメントを残したり、「あし跡」をつけて相手からのコンタクトを待つ「待ち」のスタンスより、こちらから気に入った女性にメールを送る「攻め」のアプローチの方が返信率は断然高いです。私の知る限り二桁近い差が出ることもあるほどです。肉食女子が増えたとはいえ、まだまだ女性は男性にリードされたいということなのです。

アイサスの流れに誘導して返信率を上げよう

7 女性が気になるプロフィールページのつくり方

プロフィールページで二十五倍も印象に差がつくアイテム

まず、はじめに質問です。

SNSをはじめて使う人は尻込みするが、あるとないとでは二十五倍も成功の確率に差がつくアイテムは何でしょうか？

答えは、「顔写真」です。

あるアンケートによると、一位の顔写真のトップ写真（二十五％）が、十位の顔写真ではないトップ写真（一％）を二十五倍も上回っているのです。女性は「顔写真」を重視するということです。

その理由は、アンケートに寄せられたコメントから明らかです。

それは、イケメン好きだからではなく、安心感を得たいという理由です。顔写真まで出すくらいだから信頼できると女性は思うのです。

ネットはうさん臭く怪しいイメージがありますから、それを払拭するために顔写真は必須アイテムというわけです。

私の相談者でSNSにありがちな車の写真から思い切って顔写真にトップ写真を変えたところ、メールの返信率が跳ね上がった人がいます。

ちなみにこの相談者は写真館でプロが撮影したものを使いました。一～二万円程度かかりますが、写真は非常に重要なアイテムなので、プロに撮影してもらうのはおすすめです。

女性が重視する価値観と第三者の推薦

女性が男性選びで重視するのが価値観です。

だから、目に見えない価値観を「見える化」するとモテるということになります。

勘のいい人はお気づきでしょう。SNSのプロフィールページ自体が価値観をダイレクトに示す媒体なのです。

ミクシィ社長の笠原氏は、SNSを「人脈の見える化」ツールと呼びましたが、私はモテるという視点から「価値観の見える化」ツールだと思っています。

このプロフィールページの中で最も価値観を伝える媒体として優れているのが「日記」です。

例えば、趣味の欄に「クラシック」と書くよりも、日記に「モーツァルトのコンサートで涙が出るほど感動した様子」を書く方が印象に残りますし、読み手の感情のツボをぐいぐい押すことができるのです。

SNSの日記は、単に日々の記録を残すためのツールではなく、価値観を「見える化」するための最も有効なツールなのです。

顧客はセールスマンの売り文句より、「第三者の推薦」を信用します。

例えばダイエット食品なら、「飲むだけでやせる」より、「医学部教授が推薦」というコピーの方が信頼されるのです。

当事者より利害関係のない第三者の意見の方が信用されやすいということで、これを「第三者の推薦」効果と言います。

SNSのプロフィールページにある「友人の紹介文」や婚活サイトの「証明マーク」がこの「第三者の推薦」にあたります。

女性の安心感を勝ち取るために活用しましょう。

プロフィールページでうまく自分を伝えるポイント

顔写真は必ず使う

あるだけで、ネットにつきまとう「怪しい」「うさんくさい」イメージを払拭することができる

価値観を見える化しよう

単に趣味の欄に「クラシック」と書くよりも日記に「コンサートで涙が出るほど感動した」と書くほうが、価値観をより分かりやすく伝えられる

第三者の推薦で信用を得よう

「友人の紹介文」や「証明マーク」を活用すれば利害関係のない第三者の意見として信用されやすい

8

返信率がみるみる上がる！「モテる人」のメールテクニック

初メールにいれるべき三つの項目

「コピメ」という言葉を聞いた事がありますか？　コピーメール、略してコピメ。

同じ文章をコピーして、同時に複数の女性に送るアプローチ法です。「自己紹介文しか書いていない」とか「いきなり会おうという誘い文句」など、不自然で見破られやすく大抵の女性から敬遠されています。

そこで、コピメでないことを示すために、入り口の挨拶で相手の名前を書くと、「あなただけに送っているメール」という印象を相手に与えることができます。

また、相手の何に興味を持ったのか、どこに共感したのか書くと、プロフィールページをきちんと読んでいることがちゃんと伝わり、さらに印象がよくなります。

このように相手を一個人として扱う手法を「パーソナライズ」と言います。一人一人の関心に焦点を絞るほど、訴えかける力は大きくなるという考え方です。

もし、何十人もの女性に対し、同じ時期に同じような内容の初メールを送るなら、次の三点は必ず盛り込んでください。

・名前（ニックネーム）で呼びかける
・何に興味を持ったのか（共感したのか）
・共通点（趣味、出身地など）

これでメールはパーソナライズされ、「あなただけ」という印象を与えることができるのです。

親密な関係をつくるメールのキャッチボールのコツとは？

多くの人が迷うのが「メールの頻度」です。メールの返信が遅いと女性は不安がるから即答がいいとか、駆け引きでじらした方がいいなど諸説紛々です。

「メールの長さ」も俎上《そじょう》にのります。短い文章はそっけないとか、長い文章は読みにくいとか女々しいなど。

私のおすすめはシンプルです。「相手に合わせる」、それだけです。

・すぐに返信がくる女性には即答。一日おきなら、一日おき
・短文の女性なら短文。長かったらこちらも長い文章
・くだけた調子ならくだけた文体。かしこまっていたら、かしこまる

大抵の人は自分が心地よく感じる「頻度」「スタイル」でメールを書きます。だから、こちらも同じ「頻度」「スタイル」でメールを書く。すると相手は違和感なく受け入れるのです。

「相手に合わせる」はコミュニケーション術の基本。「ペーシング」と呼ばれる技法です。これは、相手の「仕草」「態度」「口調」「感情レベル」に自分のそれを合わせると、相手は共感を覚えコミュニケーションがスムーズになるというものです。

次は「感想」です。メールを出した後、相手の反応は大なり小なり気になるものです。そこで女性がメールで書いていることに対して「感想」を書くと、印象がぐっとよくなります。注意点は、「否定」せず「同意」や「共感」を示すことです。

もう一つは「質問」です。これは相手が返信をしやすくするためのもの。初メールでは入れた方が断然いいです。以前、テストしたことがありますが「質問」を入れたものの方が、入れないものより約十パーセントも返信率が高いのです。

返信される メールを送ろう

初メールはあなただけに送っているという印象を与えると返信率は上がる

- 名前を呼びかける
- 興味を持ったことを書く
- 共通点を書く

メールの長さ、頻度は相手に合わせる

↓

多くの人は自分が心地良く感じる「スタイル」でメールを書く

↓

ペーシングすることで相手は共感を覚える

9 たった二つのポイントを押さえれば、デートの誘いは断られない！

成功率を上げるコツ・その一 タイミングの見極め方

ネットで知り合った女性をデートに誘う際、成功を左右する要素が二つあります。

まず一つ目はデートに誘うタイミングです。ネットは相手の表情や反応が見えないので見極めが難しいのです。

早過ぎて嫌がられないか、遅いと気持ちが冷めやしないかなど、多くの人が悩ましいと感じるポイントです。

デートに誘うタイミングの見極めで有効なのは、「節目」と「しきい値」を利用する方法です。メールのやりとりをしていると、相手の「節目」がわかるときがあります。「節目」とは、試験が終わった、仕事が一段落ついた、引っ越した、風邪が治ったなど、何かのイベントやイベントの開始、終了のタイミングのことです。

それに合わせてデートに誘うのです。例えば、風邪が治ったら「快気祝いしましょう」、異動したら「二人歓送会しましょう」といった具合に。「節目」が誘いの口実になるのはリアルの世界と一緒です。

次のタイミングの見極め方は、メールのやりとりが「ある一定」の数や期間を超えたら、機械的にデートに誘うという方法です。相手や状況にもよりますが、メール交換が始まってから二～四週間、メールのやりとりにして五～十往復が一つの目安です。お互いの人となりがわかり、親近感がわく頃だからです。

これはデートに誘うのを躊躇する「恐れ」に対して有効です。ちょうど株の売買に似ています。株も売買のタイミングが難しく、欲や恐れで目が曇り冷静な判断が難しいという側面があるからです。このため、「ある一定」の値段、つまり「しきい値」を決めて機械的に売買するという手法があるのです。

成功率を上げるコツ・その二 小さなイエスを積み重ねる

デートの誘いを成功させるもう一つの要素、それは「誘い方」です。

ここで問題です。きっちりした誘い方と軽い誘い方、どちらが成功の確率が高いでしょうか。

答えは、軽い誘い方です。

きっちりした誘い方、例えば「今週の金曜日の夜、築地でお寿司を食べませんか？」だと、日程や場所、料理の好みが合わないと断られるからです。こうした誘いをメールで繰り返せば繰り返すほどデートの了解は遠のいていきます。会話のようにその場でやりとりして調整することができないからです。

むしろ「食欲の秋ですね。何か美味しいものでも食べにいきませんか？」という軽い誘いの方がいいのです。断られる要素が少ないですし、確約ではないのでウンと答えやすいからです。日程調整はその後にやれば十分です。

小さなイエスを積み重ねて既成事実化していくことが成功率を高めるコツです。

私の相談者でメールのやりとりから先に進展しない悩みをもつ人がいましたが、このやり方で「断られたらどうしよう」という恐怖心がなくなり、迷いなくデートに誘えるようになりました。あなたもチャンスを逃さず、女性をデートに誘いましょう。

メールで女性をデートに誘おう

デートへの誘い成功の２要素

タイミング

メールでは表情が見えないので悩みやすいポイント

●節　目

引っ越し祝いに
快気祝いに

●しきい値

ある一定の数や期間を超えたら機械的に誘う

誘い方

メールでは会話のようにその場でのやりとりができないのできっちり誘うとデートの了解が遠のく

食欲の秋ですし何か美味しいものでも食べませんか？

軽い誘い方のほうが断られる要素が少ないから了解されやすい

10 SNSの先に明るい未来が待っている！

日本のSNSあれこれ

SNSとはソーシャルネットワークサービスの略で、それぞれの英語の頭文字をとってSNSと呼ばれています。一言で言うと、インターネット上の社交場。人と人が様々な形で交流するサイトの総称です。

日本で代表的なものが、ミクシィやGREE、モバゲータウン。海外ではフェイスブックやマイスペースが有名です。

広い意味では、コメントやコミュニティなどのコミュニケーション機能を持っているブログもSNSと見なすことがあります。アメーバブログはその代表例です。

SNSは、人と人が知り合い、交流するためのいろいろな機能を提供しています。

そして、最近ではニュースや天気予報を流したり、無料ゲームを提供したりと、利用頻度と滞在時間を多くするための工夫がなされています。その結果、サイト滞在時間やテレビの視聴率にあたるページビューでは、ミクシィやGREEはヤフーに並ぶ有数のサイトに成長しているのです。

名刺代わりにSNSの時代

SNSは、リアルの世界ではできない交流を可能にしました。まず、しばらく会っていない知人や友人との距離をぐっと縮めます。例えば日記を読むと近況がわかりますし、出身校単位のコミュニティがあるので、わざわざ同窓会を開かなくても旧交を温めたり、復活させることができます。

私の相談者に中学生時代の片思いの女性と再会し、恋愛関係に発展した人がいます。実は相手も中学時代に相談者のことを好きだったそうで、「いま、失った青春を二人で取り戻している」そうです。

そこまでしなくても、卒業してから会っていない小中学校の同級生たち。彼らの大人になった現在の写真やプロフィールを見るだけでも感慨深いものがあります。

二つ目は、リアルの世界では知り合うことが極端に難しい人と出会えることです。

例えば海外在住者との出会いを可能にします。私が経験した例で言うと、外国に住む日本人客室乗務員たちです。

彼女たちの多くは日本人との交際を希望していますが、駐在先のシンガポールやドバイなどには適当な日本人がいません。

このため、コンタクトするといい反応が返ってきます。また、仕事で日本に寄港したり、社員割引の超格安チケットで日本に来る機会が多いため、関係を進展させることが十分に可能なのです。

SNSは自分をより深く相手に知ってもらうツールとして使うこともできます。名刺代わりにもなるということです。実際に海外では名刺代わりにフェイスブックのアカウントを交換することがあるそうです。

42ページで説明した通り、プロフィールページは属性情報から価値観まで幅広く、そして深く伝えることができる媒体です。リアルの世界の一分程度の自己紹介タイムで同じことを説明する事は至難の業。

このように、SNSを使うと人との交流の仕方が変わります。そして、人間関係は大きく広がります。恋愛だけでなく、人間関係を充実させるためにもSNSの活用をおすすめします。

SNSを活用してあなたの世界を広げよう

人と人が知り合い、交流するための
様々な機能を提供してくれる

知り合うことが難しい人
とも交流できる

しばらく会っていない
友人や初恋の人と交流

名刺代わりにSNSの時代

コラム

自己改革の第一歩は自己診断。ハンデをプラスに変えた「地方転勤者」

私の相談者には、様々なハンデを乗り越えてモテるようになった人が何人もいます。児玉さん（仮名）もその一人。彼は四十半ばを過ぎて都心からある地方に転勤になりましたが、なぜか「都会の女性と付き合いたい」という希望をもち、私に相談を持ちかけてきたのです。

当初、児玉さんはインターネットのマッチングサイトを使って都会の女性との出会いを求めましたが、結果は惨敗。住んでいるところがあまりにも遠いので、最初から「対象外」と見なされてしまうのです。児玉さんは自分がいかに「都会的」であるかプロフィールページに書き連ねていましたが、女性からの反応は冷ややかなものだったのです。

当時、児玉さんは私に対して「もう何をやっていいのか、わかりません」と嘆き、すっかり自信を失っていました。そりゃあ、そうです。何通メールを送っても無視され続け、ごく稀に女性から返事があっても「ごめんなさい。遠くの方とは交際できません」では落ち込んで当然です。

しかし、ひょんなことから状況が一変します。自己アピールのスタンスを「都会的」から「自然派」に変えたところ一気に道が開けていったのです。

児玉さんの日常生活は次のようなものです。趣味は有機野菜やハーブの栽培、そして料理です。料理は学生時代、カフェで三年間もコックのバイトをしたというかなりの腕前。そして食べ歩きもよくします。休日はカヌーや釣りなどの湖遊びをして、地元の神社・旧跡の清掃や補修のボランティアもしています。児玉さんいわく、「いやー、田舎ですから他にすることがなくって。単なる暇つぶしですよ」と謙遜しますが、都会人にとっては「それって、毎日が観光、エコツアーでしょう」となるわけです。

自分自身を客観視することは極めて重要
他の人が喜ぶことをするのが成功の秘訣

私は、こうした日常生活をミクシィの日記やブログに載せて、関連のあるSNSのコミュニティで活動すること、そして興味を示しそうな女性にコンタクトするようにアドバイスしました。

幸いなことに、児玉さんの住む地域にはちょっと知られたパワースポットがあります。パワースポットと言えば女性誌で特集が組まれるほど人気の場所です。彼の住む地域にもたくさんの女性たちが癒しを求めて、次から次へと訪れるのです。これを見逃す手はありません。

そこで、児玉さんはSNSで知り合った女性のツアーガイドを買って出ることにしたのです。「この店しか食べられない絶品料理があるんですよ」とか「その日空いていますから、ご案内しますよ」といった具合に。

児玉さんの日記からグルメぶりを知っている女性たちは大喜びでその申し出を受けるのです。

さらに案内した女性たちの楽しげな様子を日記に写真付きで載せます。すると「美味しかったです」「楽しかったです」とお礼のコメントが書き込まれます。そしてその日記を見た別の女性が興味を惹かれガイドを受けるようになるのです。こうして物事はいい方向に回り、児玉さんの休日は女性と過ごす華やかなものになっていったのです。

私は、児玉さんのように自分の長所に気づかない人を何人も見てきました。逆に短所に気づかない人も知っています。自己改革の第一歩は正確な自己診断ですから、自分自身を「客観視」することは極めて重要なこと。そしてその長所を相手が喜ぶことに生かすことが成功の鍵を握っているのです。

Part
3

いくつになってもモテる人の「コミュニケーション」習慣

1 モテる男は話さない!?「相手」にどう話させるかに注力せよ！

女性が選ぶのは話を聞くオトコ

私は中年男性向けの恋愛コンサルタントをしていますが、相談者の人から女性、特に若い女性と「何を話したらいいのかわからない」という嘆きをよく聞きます。会話が成り立たないと女性との関係は発展しないので、非常に悩ましい問題です。

この問題の解決につながる面白い話を紹介しましょう。

タレントのテリー伊藤さんが書いたある雑誌のコラム記事。「福山雅治より石田純一の方がモテる」です。コラムによると、この二人の話を聞くときのスタンスが実に対照的。

福山さんは、女性の話を聞いていると黙っていられず、つい「それは違うだろ！」とか「こうするべきだろう！」と相手の話をさえぎってしまうそうです。

一方の石田さんは、聞き役に徹することが多く、うなずき以外は一言も語らず、何時間もじっと相手の話を聞くことさえあるというから驚きます。

「話を聞くか、聞かないか」この差は結果にあらわれます。日本一モテる男に思える福山さんは、テリー伊藤さんに「僕、全然モテないんですよ」と嘆くことになり、一方の石田さんは二十二歳年下の美人と五十歳代半ばで結婚するのです。

この話は決して特殊なケースではありません。

以前、私が「四十歳からモテ始めた男たち」という週刊誌の特集で取材を受けたとき、出版社の人から聞いた話ですが、「モテるコツは女性の話を聞くこと」と全員が語ったそうです。

海外の研究結果で、「相手に多く話をさせる時間が長いほど、相手からの好感度が増す」というものがあることからも、普遍性のある法則と考えていいでしょう。話を聞く人がモテるのです。

「自分」が何を話すかではない「相手」にどう話させるか

「話を聞く人がモテる」にもかかわらず、多くの中年男性は、「何か話さなければいけない」という思い込みが強すぎます。

年長者だからとか、社会の大先輩だからだとか、男だからとか。こうしたことを意識しすぎて、会話をリードするべき、つまり「何か話をしなければいけない」と気負いすぎているのです。

しかし、女性のニーズは、「話を聞いて欲しい」です。これは石田さんと福山さんが身をもって証明していること。そして「話を聞いて欲しい」は、「わかって欲しい」ということです。

「認知欲求」という人間の根源的なニーズです。

女性、特にイマドキの若い女性は、就職氷河期やリストラなどを経験して、社会や会社から否定されたという思いがあります。

だから、なおさら「わかってほしい」のです。「話を聞いて欲しい」のです。

大切なのは「自分」が何を話すかではなく、「相手」の話をどう聞くか。

このスタンスの差が恋愛において大きな差を生み出すことを理解してください。

何を話すかではなく どう話させるかを 考えよう

女性のニーズは「話を聞いて欲しい」

話を聞く男

うなずきながらじっと聞く

話をしていて
楽しいわー

↓

モテる

○

話を聞かない男

黙っていられない…

もう、うんざり
楽しくない

↓

モテない

×

2 中年世代向けの会話力向上法「押さえておくべき」二つのポイント

無理のきかない世代向けの無理のない会話力向上法

自分のことを「モテない」と思っている人の多くが、「会話下手」を自認しています。

巷には、そうした人向けの恋愛指南本が溢れていて、様々な会話テクニックが書かれています。

例えば、「女はイジれば喜ぶ」「けなしつつホメろ」など。これらは高度な会話テクニックで、初心者の人にはあまりにハードルが高すぎます。また、「街中で千人に声をかけろ」など実効性に疑問を感じるものさえあります。

若い人なら、「習うより、慣れろ」といった根性論も有効なのかもしれません。しかし、私たちは「無理のきかない世代」です。三十代後半にもなると反射神経や学習能力が低下しています。「無理のきかない世代だから、無理をしないこと」、これが、私たちの特性を考慮した会話力向上のポイントです。

具体的には、次の二点です。

・効果性が高くシンプルな会話技術に集中する
・事前に話しやすい環境を整備しておく

前者は、話を聞く技術、いわゆる「傾聴技術」です。「話を聞く人がモテる」ことは、52ページで説明した通り。話をするより、話を聞く方がはるかにシンプルで習得しやすいことは言うまでもありません。

後者は、会話も「段取り八分」ということです。当日のパフォーマンスが全てではなく、話しやすい場所選びなどの事前準備が会話力を底上げするという考え方です。

この方法を実践して、男同士で話をすることさえ苦手で、初対面の女性と三分しか会話が続かなかった四十六歳の男性が、何時間でも楽しく女性と話ができるようになりました。

無理のきかない世代は、無理のない理にかなった方法で会話力を上げましょう。

あなたを聞き上手にするのは無知になって聞くこと

56ページ以降、聞く技術を中心に説明していきますが、大前提として技術を生かすには心構えが重要という話をします。その心構えとは「無知になって聞く」。

「俺の方が知っている」とか「俺の方が正しい」という気持ちが先走りすぎると他の人の話をじっくり聞くことができません。つい、相手の話をさえぎって自分のことを話してしまいます。

私たちの年代では、いろいろな人生経験を積み、人によってはそれなりの地位についていることでしょう。その自信から、女性や若い人の話を「大したことない」と捉えがち。なので、特に注意が必要なポイントです。

「会話」で大切なのは、自分の知識が豊富なことを誇示したり、何が正しいのか主張することではありません。相手がどうして「そう思うに至った」のかを理解することです。

話を聞かない限り、相手の「価値観」「想い」「経験」については無知のはず。コミュニケーションの原点は相手を知る事ですから、まずは「無知になって聞く」、これが良好な人間関係を築く上での出発点なのです。

おじさん世代でもできる方法で会話力を上げよう

若い人なら「習うより、慣れろ」
という根性論でもいいかもしれない

中年は「無理のきかない世代」
ポイントを絞って会話力を向上させよう

1 話を聞く技術

女性の「話を聞いて欲しい」
ニーズを捉えているし、
話をする技術よりもはるかに
習得しやすい

2 事前準備力

話しやすい場所選びなどが
会話力を底上げする

3

「うなずき」と「相づち」で女性を話にのめりこませよう

女性を会話にのめり込ませる三つの小技

「最も話しにくい人はどんな人?」と聞かれたら、私は迷わず「無表情の人」と答えます。

聞き手が無表情だと、話が伝わっているかどうかわからないので不安を感じます。

人によっては、「バカにされている」と思ったり、「怒らせたのでは」と疑心暗鬼になることでしょう。

ある心理学者の実験結果によると、相手からの反応がまったくない場合、話し手は不安を感じ、話を二〇秒前後しか続けることができないそうです。

だからこそ、会話の最中、話し手に対して、「あなたの話はちゃんと伝わっていますよ」というサインを送ることはすごく大切なのです。そのサインとは次の三つです。

・うなずき
・相づち
・繰り返し

会話上手な人や接客のプロと言われる人は、常にこの三つのサインを話し手に送っています。

例えば、明石屋さんまさん。さんまさんは一方的にしゃべり倒しているイメージがありますが、彼が司会の番組をよく見てみると、この三つのサインを上手に使って会話を盛り上げています。

「はい、はい」と言いながら大きく首を振ってうなずいたり、引きつけを起こしたように笑いながら相づちを打ったり、「えっ、どういうこと?」と言ってから相手の話を繰り返したり。さんまさんって、実は「聞き上手」。というより、すごい「話させ上手」だと思います。

話し手の面白さを引き出す役割に徹しているので、戦場カメラマンの渡部陽一さんなど、お笑いが本業でない人達の面白い一面を引き出せるのだと思います。

話が少し横道にそれましたが、「うなずき」「相づち」「繰り返し」。会話を盛り上げる、というより女性に楽しく話をさせる「三つの小技」をぜひ覚えておいてください。

否定の「相づち」は×肯定の「相づち」が○

次に上手に「三つの小技」を使うためのポイントについて説明します。

それは、「否定の反応」をしないことです。

例えば「でもねー」とか「でもさー」など否定の言葉を使いながら、相づちを打つのはよくありません。話を否定する相手には好感を持たないからです。

逆にいいのが、「共感の反応」です。「確かにね」「なるほど」など肯定の言葉を使って、「あなたの話に共感してるよ」というサインを送るのです。

当然、否定する人より、共感を示す人の方が話しやすいし、好感を持つでしょう。

だからもし仮に、相手の話を聞いていて、「それ、違うんじゃない」と思っても決して「でも」とは言わず、肯定の言葉で相づちをして、いったんは共感を示してください。相手にもの申すのはその後にやんわりとやれば充分です。

話しやすいと思われる人になろう

話しにくい人

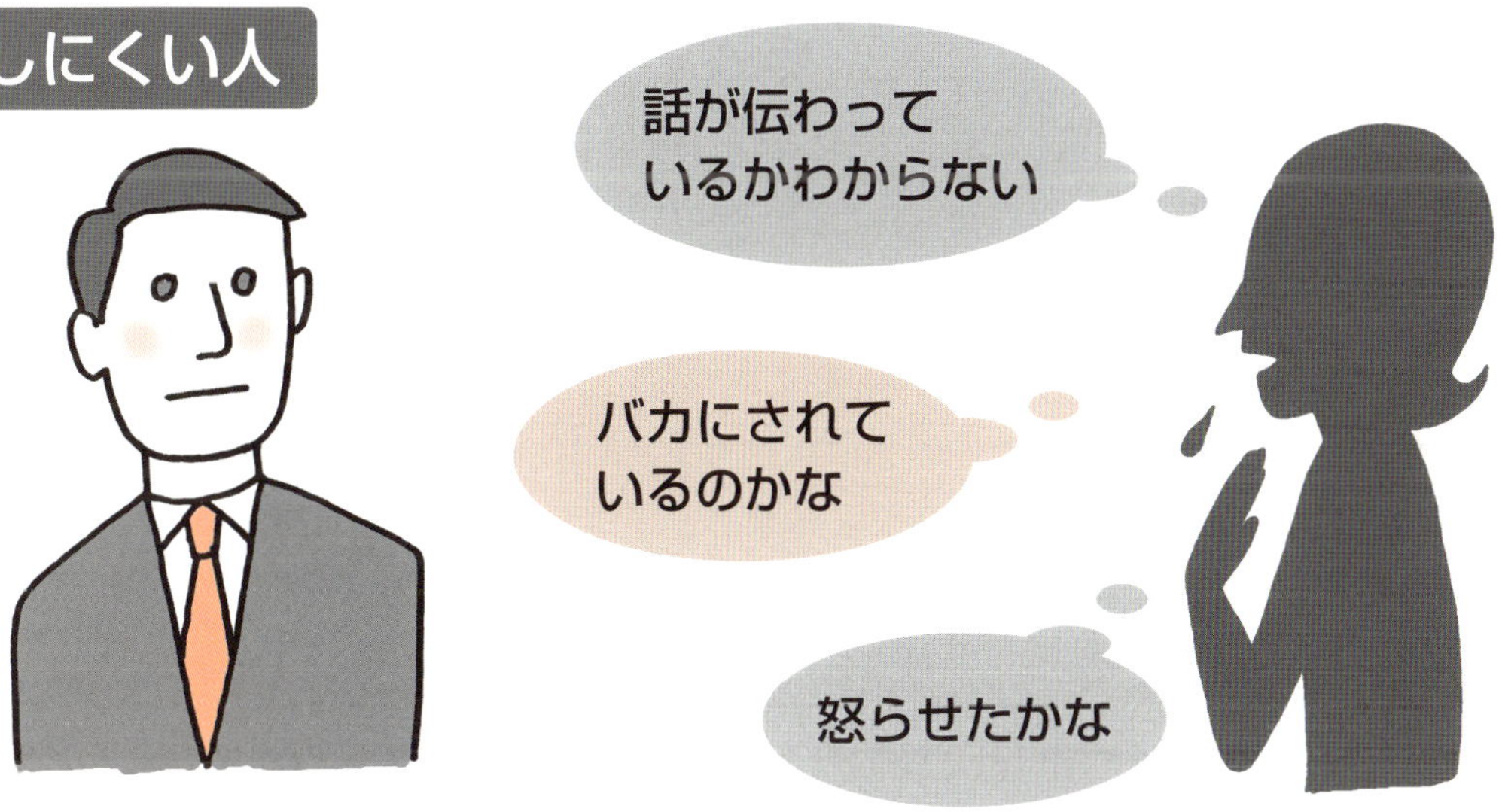
話が伝わって
いるかわからない
バカにされて
いるのかかな
怒らせたかな

話しやすい人

なるほどー
話が
伝わっている！
えっ？
それってどういうこと？

POINT▶ 共感していることを相手に伝えるのが肝心

4 特別な察知能力ではない！誰でも身につく「空気を読む技術」の正体

誰でもできる空気を読む技術

「あなたの話をちゃんと受け止めました」というサインを、話し手に送るための重要なテクニックがもう一つあります。

それは、相手の「態度」「ムード」「話し方」に自分のそれを合わせるというもの。

「態度」とは、姿勢や身振り、表情などのいわゆるボディランゲージのことです。

「ムード」は話し手の雰囲気のこと。悲しいとか楽しいとか、暗い話や明るい話など、文字通り会話のムードです。

「話し方」は、話すスピード、声の大小、簡潔さなど話のスタイルのことです。

この三つを相手に合わせると、話し手は、自分の話を受け止めてくれた、感情を共有してくれている、と感じるのです。

例えば、

・（態度）話し手が前のめりになっているなら、同じように前のめりにする。

・（ムード）悲しいムードなら悲しい表情に。

・（話し方）ぽつりぽつりと話をしたら、ぽつりと話を繰り返す。

逆のケースが、相手が真剣に話しているのに、ツメをいじったり、あくびをすることです。「この人、適当にうなずいているだけだわ！」と悪い印象を与えてしまうでしょう。

私の相談者で、部下の話をパソコンの画面を見ながらそっぽを向いて聞くクセのある人がいました。

これでは「お前の話を聞いている暇はない」「どうせ、大した話じゃないんだろう」と言っているようなものです。

「態度」「ムード」「話し方」を合わせることとは、ある意味で空気を読むということです。「空気を読む」というと特別な察知能力に思えますが、「態度」「ムード」「話し方」は形あるもの。誰でも見聞きできることです。この三つに注目すれば、「空気の読める人」になれるということです。

若い彼女ができて仕事の質も上がる

先ほどの相談者の人は、女性とデートしても一〜二回しか続かないという悩みを持っていました。部下と同じような態度で女性に接していることが原因だったのです。

その彼が、「態度」「ムード」「話し方」を相手にあわせたら、すぐに結果がでました。若い彼女ができたのです。

彼いわく「同じ地方の出身で、同じ高校、食べ物の好みもあうし、共通点が多かったんです」「でも本当の決め手は彼女の就職活動話に付き合ったことですね」当時、厳しい就職活動を送っていた彼女は、はじめてのデートから悩み事や愚痴をこぼしたそうです。彼は「ああしたら、こうしたら」と言いたい気分をぐっと抑えて、ひたすら話を聞いたそうです。

後日、彼女が言った言葉が印象的です。「あなたは、私のことを受け入れてくれたはじめての大人」就職活動で不合格が続き、自信を失っていただけに、話を受け止めてくれる彼の存在は有り難かったということです。

また、会社でも部下の話を真剣な態度で聞くようにしたところ、報告や相談が増え、仕事の質まで上がったそうです。

話し方や姿勢などを相手に合わせて空気を読もう

空気は３つに分解できる

態　度	話し方	ムード
姿勢や身振り、表情などいわゆるボディランゲージ	話すスピード声の大小、笑い方	話し手の雰囲気悲しいや楽しいなど

この３つを相手に合わせることで
感情の共有を示すことができ、話が盛り上がる

5 デートも会話も事前準備で八割が決まる

会話が行き詰まる「座り方」スムースに行く「座り方」

女性とのデートがうまくいくように、話しやすい環境をつくることは重要なことです。その代表的なものが、「座り方」です。「座り方」ひとつで場の雰囲気がガラッと変わります。

給料の上げ下げの団体交渉を思い浮かべるとわかりやすいでしょう。そうした場では大抵「向き合う」座り方をします。緊張感の高い真剣勝負ムードを高めるからです。バーのカウンターで横並びに座ってまったりと交渉しませんよね。

女性との会話も同じことです。例えば、初デートのとき、喫茶店でテーブルを挟んで向き合うのはよろしくありません。

「向かい合う」座り方はお互いの緊張感を高めます。無意識に腕を組んでしまうのは、この「向かい合う」場合が多いのです。腕を組むのは自分の大切な心臓をガードするポーズ、打ち解けてリラックスしていないということです。

座り方でいいのは「L字型」か「横並び」です。L字型とは、四人掛けのテーブルの角に座る座り方です。英語のLの形に似ていることからこう呼ばれています。横並びは文字通り、カウンター状のテーブルなどに二人で横に並ぶ座り方です。

このL字型と横並びは、緊張感が和らぎリラックスすることができる位置関係です。外の景色や店員の動きなど話のネタになりそうなものを一緒に見れること、視線の逃げ場があることが利点です。

デートも段取り八分ホームタウンをつくろう

次は事前準備の重要性について、「恋愛の達人」石田純一さんを例に説明します。

彼のデートの秘訣の一つが「徹底的な事前準備」です。例えば、デートで花火大会に行く場合、「前の年に男同士で行って、事前にリサーチする」そうです。

会場までの移動、どの場所が見やすいか、女性のためのトイレの場所などをチェック。そして、花火を見終わった後のイベントも含めて段取りを組むそうです。

花火大会当日はハプニングが必ず起こるもの。段取りを組んでシミュレーションをしておけば、心に余裕ができて柔軟に対処することができるというわけです。

これは花火大会という特別なイベントだけでなく普段のデートにも通ずる心得です。しっかり段取りができていれば、心に余裕が生まれ相手との会話に集中できるからです。デート（特に初デート）を成功させるために次のような準備をしましょう。

・女性が喜ぶ雰囲気のいいお店を予約
・話やすい席の確保（L字型と横並び）
・身だしなみを整えておく
・相手のプロフィールを頭に入れておく

そして、準備を万全にするために「ホームタウン」、つまり馴染みの店をつくることをおすすめします。何度も利用していれば、段取りを体で覚えることができるからです。逆に「アウェイ」に身を置くな、ということです。知らないお店だと、落ち着かない席に座らされたり、変な料理が出てくるなどデートが台無しになるリスクがあります。リスクは事前に減らすべきです。

デートも、会話を盛り上げるのも肝心なのは、「段取り八分」ということです。

事前準備でデートを成功させよう

デートに向く座り方

○	○	×
L字型	横並び	向かい合う

↓ リラックスしやすい（L字型・横並び）

↓ 緊張しやすい（向かい合う）

準備を万全にしてデートに臨む

身なりを整え、待ち合わせもバッチリ

ホームタウンをつくって余裕のあるデートをしよう

6 「質問攻め」をせずに相手に話をさせるテクニック

「聞き上手」はモテるが「質問攻め」は嫌われる

「聞き上手はモテる」、この言葉尻を捉えて間違った行動にでてしまう人がいます。それは、「質問攻め」です。

聞き上手とは、「相手」に気分よく話をさせる技術です。一方の「質問攻め」は「自分」の聞きたいことを相手から引き出す行為です。この差をしっかり理解しましょう。

「質問攻め」のいい例が芸能レポーターです。映画の制作発表会などでゴシップネタを聞き出そうと、本題と関係のない質問を次から次へと連発して煙たがられます。

女性との会話も同じことです。

質問攻めをされると居心地が悪いものです。自分のペースで話せませんし、楽しくありません。人は誰しも最後まで自分の話を聞いて欲しいもの。思っていることを口にして吐き出す前に、次の話題に移って欲しくないものです。

そして、その「質問攻め」が、本人が語りたくないことに次々と触れていった場合、たいへんな不快感につながります。

繰り返しになりますが、聞き上手とは、「相手」に気分よく話をさせる人のことです。「聞き上手」というより、「話させ上手」といった方がいいかもしれません。自分の聞きたいことより、相手の話したいことを優先することが重要です。

では、相手の話したいこととは何でしょうか。

伝説のトップセールスに学ぶハートを鷲づかみにする方法

以前、勤めていた会社に「伝説のトップセールス」と呼ばれた人がいました。この人の営業の仕方が実にユニーク。中小企業の新規顧客開拓を担当していたのですが、いきなり社長に訪問のアポを入れます。しかも、初対面にもかかわらず、「会社のパンフレットを用意して、私に説明してください」と依頼するのです。

すごく失礼な話のように聞こえますが、その当日、当の社長は涙を流さんばかりに喜んで、次の約束をすっぽかしてでも話し続けるそうです。

その間、トップセールスがやったことは、ただひたすら話を聞くだけ。たったそれだけで百戦錬磨の社長のハートを鷲づかみにしてしまうのです。

この話の肝は、「人は思い入れの強い話をするのが大好き」ということ。

中小企業の社長さんには、会社を我が子同然に思っている人がたくさんいます。大きな志や夢を抱いて起業して、苦労して育てたという強い思い入れがあるのです。

しかし、そうした思いを語る場はありそうで、なかなかないものです。このため、自分の会社のことを思う存分、話した後は最高に気分がよくなり、聞き手に強烈な親近感と好感を抱くのです。

人は誰しも、そうした「思い入れのある話」を一つや二つ持っているものです。

愛するペットの話、ハマっている韓流ドラマのこと、打ち込んでいる習い事のことなど。

もし、女性の話のトーンが急によくなったら、それは「思い入れのある話」でしょう。女性のハートを鷲づかみにするチャンスを手にしたということです。

自分が聞きたいことより相手が話したいことを優先しよう

× 質問攻めは嫌われる

彼氏
いないの？
週末は
何しているの？
好きな
タイプは？

○ 話したいことはいくらでも話す

7 上からでも下からでもダメ！恋愛は同じ目線になることが大切だ

女性に最も嫌われるのは上から目線の中高年男性

結婚相談所で、最も女性から嫌われるのが、「上から目線の中高年男性」だそうです。

こうした人は、会社でそれなりの地位についているのが特徴だそうです。そして、ホステスさんや会社の部下との会話を例にあげ、「俺の話は若い子にウケるんだ」と自信満々、なんだそうです。

しかし、紹介された女性とのデートでは、「強引に連れ回した上、一方的に過去の仕事の自慢話に終始」して断られるそうです。

本人にはまったく自覚症状がなく、「なんで断られたんだ！」と相談員に怒鳴り込んでくるそうですから、まさに「裸の王様」ですね。

この話の教訓は二つあります。

一つ目は「自慢話」はしないこと。ホステスさんや会社の部下は「仕事」だから、自慢話を「すごーい」と言って対応しているんです。

事実、以前新聞に「銀座のホステスが嫌う客」というアンケート結果が載っていましたが、トップは「自慢話をする人」。「すごーい」と言いつつ心の中では、「早く終わって」とでも思っていたのでしょう。

二つ目は、「会話の主導権」を握り続けないことです。

デートは独演会ではありませんから、「一方的に」会話をし続けるのはよろしくありません。

それは、相手を尊重せず、自分が話をしたいとか、能力や地位を誇示したいという自らの欲求を満たすためだけの行為です。

特に相手の話を聞くときは、会話の主導権を完全に渡すべきです。

主導権を握りたいのはわかります。そして、それはある意味「男らしい」ことです。

なぜなら、リーダーシップは父性の象徴。しかし発揮する場を間違えているのです。

下から目線も女性から嫌われる

上から目線は嫌われますが、下から目線も嫌われます。

若い女性から嫌われる典型的なメールがあります。

それは、「年齢より若く見られます」という中年男性のコメント。

何人もの女性から同じ話を聞かされましたが、「卑屈な感じがしてイヤ」なんだそうです。

また、知り合いの女性から聞いた話ですが、せっかくデートしているのに「アイコさんは若いから、僕みたいなオヤジはイヤですよね」と言う人が結構いるそうです。これも、「卑屈な感じがイヤ」だそうです。

好意があるからデートしているのに、恐る恐る下から見上げるようにお伺いを立てる言い方が「いい年して……」と、嫌われてしまうのです。

下から目線も気をつけましょう。

年上であることを必要以上に意識しないこと

× 上から目線

自慢話や会話の
主導権をにぎりすぎると
相手は楽しくない

× 下から目線

好意があるからデート
しているのに、お伺いを
立てるような話し方では
情けなくて嫌われる

◎ 同じ目線で接する

女性の今の悩みなどを
親身になって聞くと、大人の包容力を感じる

↓

また会いたい

8 「自分」という商品をうまく女性に売り込もう

女性と親密になるためのザイアンスの法則

私の相談者の中に、「自分を出すのが苦手」という人が何人もいました。女性に個人的な質問をされても、「ご想像にお任せします」とか、「当ててみてください」などはぐらかすばかり。そして異口同音に、「僕の話なんか聞きたくないはず」と卑下します。

これでは女性との間に親密な関係を築くことはできません。なぜなら人は相手の人間的な側面に接したときに好意を持つからです。

これは、「ザイアンスの法則」といって、人の心理と行動を解き明かす有名な法則。ビジネスの世界で大いに活用されています。

例えば、営業の世界では商品の売り込みも重要ですが、家族の話や失敗談などをするのが有効と言われています。こうした話が、顧客に人間味を感じさせ、好感を抱かせることができるからです。

そして、この好感が、「あなたが、そんなに言うんなら」と、ここぞと言うときの決めの一手になったりします。

恋愛も同じことです。

個人的な事柄を相手に示すこと、つまり「自己開示」は重要です。

むしろ、仕事より重要性は高いでしょう。営業の世界には商品がありますが、商品自体の力で売れることがあるからです。

一方、恋愛においては、自分自身が「商品」です。

自己開示は「商品説明」なのです。自分という商品を相手に買ってもらうために必要なことです。

非自己開示の三原則に注意せよ

しかし、闇雲に「開示」すればいいわけではありません。特に女性と親密な関係を築くまでは、「自己開示」の仕方に注意が必要になります。具体的には次の三点です。

・自慢話にならないようにする
・共通点のない話
・「ありのままの自分」をさらけ出すこと

これを私は「非自己開示の三原則」と呼んでいます。やってはダメな自己開示です。

「女性に嫌われる話題」をテーマにアンケートを取ると大抵この三点は上位にランクインします。

逆に、良い自己開示は「共感」を呼ぶ自己開示です。

女性と親密な関係を築くまで、「共感」を重ねることは重要なことです。だから、自己開示も「共感」を呼ぶことが肝心です。

では、「共感」とは何でしょうか。それは次の式で表されると私は考えています。

「お互いに共通するテーマ」×「価値観が似ている」

大まかに言うと、「共通点」ということです。探し方は、動物や映画といった話のネタを出せば、大抵の女性なら二つや三つは共通点がでてくるものです。

共通点を見つけたら、自分の経験談や思いを話します。「自己開示」するのです。そうすれば確実に共感を呼ぶことができます。

自分の人間的側面を相手に示そう

ザイアンスの法則

家族の話　　失敗談

人は相手の人間的な側面に接した時、好意を持つ

↓

自己開示をしよう

ただし、やみくもではダメ

自己開示してはいけないこと

- 自慢話 ➡ 家族の社会的地位の高さなど
- 共通点がない話 ➡ マニアックなコレクションなど
- ありのままの自分 ➡ 若いころにした悪さなど

9

「告白」ではなく「口説く」。女性をリードして大人の魅力を演出しよう

「告白」はやめて「口説く」大人になろう

最近の若者向けの恋愛指南書を読むと、私はすごく違和感を感じてしまいます。

それは女性へのアプローチのスタンスが、「告白」だからです。私たちの若い頃の指南書は、女性に対しては、「口説く」でしたから、大きな違いがありますね。

「告白」とは、「実は、前から好きだったんです」と、自らの感情を相手に示し、相手の意向に伺いを立てる受け身の行為です。

一方の「口説く」は、「今晩、飲みに行こう」という具体的な行動の提案であり、説得する行為です。

最近の女性は肉食化したと言われてますが、実態はまだまだ少数派。大半の女性は受け身ですから、「口説く」の方が相手を動かす確率が高いのです。

これまで、「聞き上手」の効用を説明してきましたが、それはあくまでも女性との会話の中でのこと。全て女性の言うことに受け身であるべきという意味ではありません。

具体的な行動の提案や説得は男性がするべきなのです。これこそが年長者としてのリーダーシップを発揮するべきところです。二人で食事しようという提案、二次会に行こうという提案、ホテルで休もうという提案、これらは全て男性がするべきということです。

女性をリードして若い男子を出し抜こう

一時期、「ビューティフルピープル」という美男美女限定のSNSが話題になったことがあります（現在は事実上の日本撤退）。

私はそこに潜り込むことに成功しましたが、出会う女性の大半が口にした「このサイトで会ったのは青木さんだけ」というセリフに驚かされました。

当初は半信半疑だったものの、その理由を聞いて納得しました。それは、「だって、メールをくれたのは青木さんだけだもん」。

ほとんどの男性は写真にコメントをするだけとか、ウィンクシステムといって、気にいった相手に好意の印のボタンを押すだけなど消極的なスタンスなのです。

このサイトに集まる男性は当然イケメンぞろい。しかも二十代や三十代前半の男性が多く、肉体的にも社会的にも脂がのっている人ばかり。

一方の私は、四十代半ばの若年性の更年期障害をわずらう身。その私の方が結果を出すことができるのです。

秘訣は、「メールを出し続けること」

イマドキの若い男子は消極的です。勝負の土俵にすら上がろうとしません。

われわれが若いときは、クリスマスは高級ホテルを数ヶ月前から予約するなど、モテるために必死でした。

いまの若者に言わせると「めんどくせー」なんだそうです。

日本の行く末を考えると嘆かわしいことですが、こと恋愛に関しては、われわれおじさん世代にとって絶好のチャンスといえるでしょう。

女性をリードして若い男子を出し抜きましょう！

女性をリードして草食系の若者を出しぬこう

告白ではなく口説こう

口説く ○

具体的な行動の提案であり、説得する行為

↓

リードする行為

告 白 ×

自分の感情を示し伺いを立てる行為

↓

受身の行為

Q. 男女どちらがリードすべき？

いくら肉食系女子が増えたといってもリードされたい女性がほとんど

A.

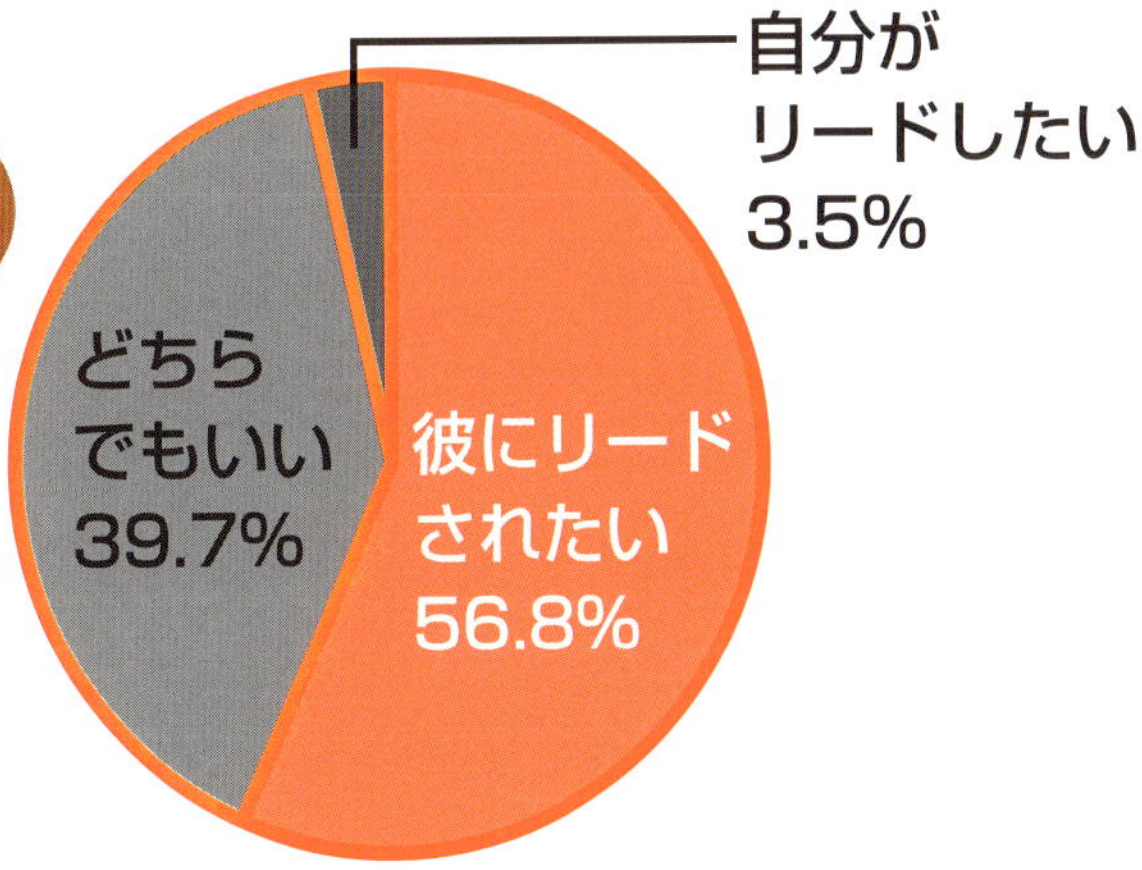

10 「非日常感」を生むのはアイデアだ。感動するデートを実現させよう

石田純一に学ぶデートの秘訣

石田純一さんが東尾理子さんとの婚約を発表した次の日、「できれば自分も一回りも二周りも年下の女性と結婚したい」という問い合わせが殺到したそうです。

五十代半ばの男性が二十二歳も年下の女性と結婚と聞けば、「それなら、自分にもチャンスがある」と期待するのでしょう。

しかし、軟派に見える石田さんですが、実は、いろいろな知恵を振り絞り女性のハートをがっちり掴むために相当な努力をしていることが世間に知られていません。

その石田さんの努力の一端を彼のデート術から、かいま見ることができます。

ポイントは次の三つ。

・非日常感
・徹底した事前準備
・女性本位

例えば「非日常感」で言うと、世界最高のピザをイタリアのナポリに食べに行く。こうした誘いを「今週の週末どう?」と、さらりと何気なくするそうです。

最高のピザといっても六百円程度のもの。しかし、仕事で疲れた都会の雑踏から、ロマン溢れる石畳の街に連れて行かれるのです。女性たちは感動して、石田さんを「白馬の騎士」と感じてしまうでしょう。

この話の肝は、「お金をかける」のがいいのではなく、「非日常感」が女性をときめかせるということです。

「非日常感」溢れるデートはお金をかけなくても十分可能です。例えば、「水上バスにのる」「美術館に行く」など、探せば身の回りにいくらでもあるものです。

ではなぜ「非日常感」が女性をときめかせるのでしょうか。

名門料亭を復活させた感動で人を泣かせる技術

ここで、興味深い話を紹介します。名門料亭の再建にまつわるエピソードです。

「京都吉兆」と言えば名の知れた老舗料亭、ミシュランが三ツ星をつけたことでも有名です。しかし、実はこの栄華を極める老舗も一時は倒産寸前になるまで落ちぶれたのです。

この名門料亭をどん底から這い上がらせた原動力が「非日常感」です。

再建当時、社長の徳岡郁夫さんは大胆な目標をかかげます。

それは、「お客様を感動で泣かせること」。

そこで徳岡さんは、人が感動して泣く仕組みを調べるため、京都大学の教授のもとを訪れ「日常と非日常のギャップが涙を生む」ことを教わります。

人は日常生活の中で、様々なストレスにさらされて生きています。このストレスを溜めたままでは生きる意欲が衰える一方。そこで防衛本能として非日常感を求めるというわけです。

非日常を経験するとある脳内物質が分泌され、日頃のストレスを洗い流すように涙が流れるのです。

この仕組みを学んだ徳岡さんは「非日常感」を提供することで、倒産寸前の名門料亭を見事に復活させました。

あなたも「非日常感」を取り入れて感動するデートを演出してください。

感動はアイデアしだいで与えられる

非日常感にトキメク

世界最高のピザをイタリアのナポリに食べに行く

↓

重要なのはお金をかけることではない

お金をかけなくても「アイデア」しだいでいくらでも「非日常」を演出できる

水上バス　1000円

美術館デート　2000円

コラム

神様のイタズラ？ SNSが生んだ奇跡のラブストーリー

私の相談者の中には、「なぜあの美人が」と思われるような高嶺の花を掴んだ人が何人もいます。岡田さん（仮名）もその一人。彼は性格の良さが災いして彼女ができず、四十歳を目前にして私のもとに相談に訪れました。

岡田さんのキャラクターを一言で言うと、とにかく「いい人」。いつもニコニコ微笑んでいて人のサポートをするのが大好き。趣味の登山ではサークルを主催していて、メンバーの日程調整や宿の手配、その後の親睦会のセットアップなど縁の下の力持ち的な仕事を喜んでするタイプです。このため「男友達は多い」そうですが、女性の気配がしないので、「みんな僕のことをゲイだと思っている」そうです。

今「山ガール」いう言葉があるくらい登山好きの女性が多くなっているので、出会いはありそうな気がします。実際、岡田さんのサークルにも女性が参加することがあるそうですが、「山から降りると他のメンバーと仲良くなっている」そうです。どうやら話を聞くと女性から関心を寄せられても、他の男性メンバーを「あいつ、良いやつなんだよねー」とすすめてしまうようなのです。「人を差し置いて」ということができない、お人好しなんですね。

私は岡田さんに外見を整えた上で（すごく若返り、こざっぱりしました）、登山やアウトドア関係のSNSのコミュニティで活動し、共通の趣味がある女性にコンタクトするようアドバイスしました。

しかし、岡田さんはコミュニティ活動に没頭してしまい、まったく女性にコンタクトしようとしないのです。コミュニティでは、登山やアウトドアの情報を積極的に発信し、彼が過去登った山に行く人に対しては「教え魔」になって懇切丁寧にサポートするのです。

そうこうするうちに、とうとうコミュニティで意気投合した人と会うというではありませんか。しかし、詳しく話を聞いて私は愕然としました。何と岡田さんは「男と会う」というのです。そして後日、その人と付き合うことになるのです。

驚きのカップル誕生は神さまの演出

当日、待ち合わせ場所に来た人を見て、岡田さんは我が目を疑いました。とびっきりの美女だったからです。実は岡田さんが男と思い込んでいたのは女性だったのです。男っぽいハンドルネームだったし、プロフィールページにも女性的なコメントが一切なかったからです。

そこから話はトントン拍子に進んでいきます。「男と思い込んでいた」という笑い話から打ち解けて、会う前からお互いの内面をさらけ出し、しかも共通の趣味を持った二人ですから、その日のデートは大盛り上がり。翌週、岡田さんのサークルでいく登山に、たまたまスケジュールが空いた彼女が参加することになりました。そして山を降りるとき、今度は岡田さんたちがカップルになっていたのです。

後日、なぜ付き合う気になったのか彼女に聞いたところ、拍子抜けするような答えが返ってきたそうです。それは、「普通のおじさんだから」。

美人で高嶺の花に見える彼女にアプローチしてくるのはプレイボーイばかり。そうした男性が興味を惹かれるのは彼女の外見や客室乗務員という肩書きです。だから岡田さんのように彼女の内面を理解して、女性に不器用なタイプはおあつらえ向きだったというわけです。

自分のことは二の次で、他の人を愚直なまでにサポートした岡田さん。一見、損な役回りに見えますが、天に宝を積んでいたのでしょう。

神様は心憎い演出をしたものです。

Part 4

いくつになってもモテる人の「仕事&教養」習慣

1 できる男の条件は、「包容力」と「リーダーシップ」だ

空飛ぶセールスマンの世界的な包容力

ソニーの創業者、今は亡き盛田昭夫さんと言えば「空飛ぶセールスマン」と呼ばれ、ソニーを町工場から世界的な大企業に育て上げた立役者です。

その盛田さん、部下の話を聞くときには、どんなにひどい内容でも必ず満面の笑みを浮かべて、「おお、それはいい考えやなぁ」と何度も大きく頷いたそうです。

しかし、後日、逆の指示を出すことがたびたびあったそうです。それでも、部下たちはその指示を実現しようと必死になって働くそうです。なぜなら、盛田さんに意見を受け入れてもらった時点で絶対的な忠誠心を抱くからです。

盛田さんは並外れた判断力があるわけですから、本音では部下の話を聞いたときに「そりゃ、違うだろ」と思っていたのかもしれません。

しかし、一切否定せず、まずは相手の言うことをいったん受け止める。この包容力が、盛田さんに学ぶべき「人のハートを掴む秘訣」です。そして、仕事だけでなく恋愛の成功の鍵とも言えるのです。

例えば、女性が仕事の愚痴をこぼしている時に、「そりゃ、違うだろ！」と、すぐさま相手のことを否定するのは禁物です。大抵の場合、女性は愚痴を聞いて欲しいだけで、アドバイスを欲しいとは思っていません。だから、話を頭ごなしに否定されたら心が離れていくだけなのです。

包容力がない人は、何事も直ぐに白黒をつけたがる傾向があります。しかもそれは当人の経験や価値観の範囲内での論評に過ぎません。

一方の包容力がある人は、相手をまるごと受け入れる懐の深さがあります。

この差が仕事においても恋愛においても大きな差につながるのです。

林家三平師匠に学ぶ美女を射止めるリーダーシップ

二〇一一年三月、落語家の林家三平さんと女優の国分佐智子さんが入籍しました。

その三平さんのプロポーズの言葉がすばらしいのです。いわく――。

「黙って俺についてこい」。

この「黙って俺についてこい」、ひと昔前よく聞いたセリフですが、近頃あまり流行りません。男女同権の世の中、日常的にこれをやったら女性から嫌われるからです。

しかし、ここぞというときにこのセリフを使ったところが素晴らしいと思うのです。きっと国分さんも「男らしい」と、頼もしく思ったのではないでしょうか。

「俺についてこい」はリーダーシップです。いざという時には必要な力です。ソニーの盛田さんも切迫した危機的な状況では「俺についてこい」と言い切ったことでしょう。

リーダーシップは父性です。そして、包容力は母性です。この両方を併せ持つ人が、本当の意味で仕事ができ、女性にモテるのです。

多くの若い女性が語る年上男性の魅力、「話をしっかり聞いてくれるけど、イザというときに叱ってくれる」というのは、まさにこのことを指しているんだと思います。

一流のビジネスマンやモテる人は「包容力」と「リーダーシップ」を持っている

「包容力」

相手の意見をいったん
まるごと受けとめる

↓

部下は認められたと感じ
忠誠心や親近感を抱く

↓

仕事でも恋愛でも相手のモチベーションを上げる

リーダーシップ

イザというときには
「俺についてこい」という姿勢を示す

↓

男らしい頼りになる
というイメージを持つ

↓

仕事でも恋愛でも尊敬を得ることができる

2

仕事も恋愛も「いい人どまり」で終わらない。勇気を出して踏み出そう

仕事も恋愛も「いい人どまり」で終わる人

二〇一〇年六月、鳩山首相（当時）が突然の辞任を発表しました。この会見を見て、「いい人なんだけどなぁ……」と、鳩山さんのことを「いい人どまり」と思ったのは私だけでしょうか。

首相としては実に頼りない。でも、記者会見での誠実な対応を見ていると、実に「いい人」です。

このように、いい人だけど、何かが足りなくて、仕事でも恋愛でも「いい人どまり」で終わってしまう人がいます。

仕事では、力がありながら、奥ゆかしさが災いして、「その仕事やらしてください」「今のポジションでは不満です」と言えない人。その結果、十分に処遇されずに終わってしまいます。

恋愛では、「デートしてください」「付き合ってください」と言えず、恋愛関係に発展しない人。その結果、どんなによくても、友達以上・彼氏未満の「いい人どまり」で終わります。

実は、こういう人たちに共通する特長があります。それは「対面した相手の気持ちや感情を損ねることを嫌う」こと。一言で言うと「嫌われたくない」。鳩山さんもこの傾向が非常に強いそうです。（『ＷｉＬＬ』二〇一〇年七月号「鳩山総理を精神分析」より）

しかし、これは「いい人どまり」の人だけでなく、誰にでも大なり小なりあることではないでしょうか。

実際のところ、新人類（一九六五年生まれ以降）に多い特徴で、ある心理学の調査によると、この世代の約八割の人に、この「嫌われたくない」という傾向があるそうです。

しかし、これでは、本当の実力を発揮できず、全てものごとは周囲の人や状況次第で変わってしまいます。

ではどうしたらいいのでしょうか？

それは、「自分の考えや意見を表に出す」「一歩前に出る勇気を持つ」ことを普段から心がけることです。特に重要な場面では意識するべきです。

鳩山元首相は反面教師？「いい人どまり」で終わらない方法

上司や同僚は、不平や不満があったら言って欲しいし、何がしたいのか知りたいものです。女性も同じです。好きなら好きと言って欲しいし、付き合いたいなら行動して欲しいと思っています。ある調査によると、「いい人」まできたら恋人になれる確率は五十パーセントもあるのです。あと一歩が足りないだけなのです。

首相としては「いい人どまり」で終わってしまった鳩山さんですが、奥さんと知り合ったとき、彼女は人妻。鳩山さんいわく「普通の人は未婚女性の中から相手を選びますが、私は全女性の中から選びました」と名言（迷言？）を残しています。

しかし、プライベートだけでなく、首相としても肝心要なところでは、なりふり構わず一歩前に出て欲しかったのに、と残念に思います。「いい人」で終わらず、仕事も恋愛も上手くやりたいと思うなら、一歩前に出る勇気を持って、自分の意見をはっきり相手に伝えましょう。

嫌われたくないという思いは捨ててしまおう

いい人どまりで終わってしまう人

周りにあわせて
言っていることを
コロコロ変えてしまう

本音で語れず
実力を発揮できない

仕事や恋愛がうまくいかなくなる ×

そうならないために…

- 自分の考えや意見を表に出す
- 一歩前にでる勇気を持つ

3

思い切りよく動けば、成功はついてくる。「根拠のない自信」を大切にしよう

仕事も恋も根拠のない自信を持て

脳科学者の茂木健一郎さんの座右の銘が「根拠のない自信を持て」だそうです。そして、今のうつむき加減の日本に必要なマインドだと力説しています。

いわく「赤ちゃんは根拠のない自信に溢れている。ハイハイするときに、できるかな？ なんて考えない」そうです。

確かに、仕事でも恋愛でも「これは！」という人は大抵、根拠のない自信を持っています。

例えば、ある保険会社のトップセールスの人は声帯の病気でほとんど話ができません。唯一のセリフが「ここだけ」。印鑑の欄を指差しながら何度もつぶやくそうです。「営業で成功できる」根拠などなかったでしょう。

こうした根拠のない自信を持ち成功する人の特徴として、もう一つ茂木さんがあげているのが、「とにかくやってみる。そして努力をすること」。

恋愛も同じです。

私の知人はイケメンでもなく話が面白いわけでもないのに、とにかく女性にモテます。その彼の最善最良の武器が、「とにかく声をかけること」。周囲の人にジロジロ見られていても、どんな絶世の美女でも臆せず声をかけます。「とにかく行動する」ことで多くの成果を得ているのです。

ちなみに声をかけて、断られたり、無視されたときにはいつも、「俺に気後れしたんだな」と真顔で言うのです。私はこれ以上の「根拠のない自信」はないと思っています。

運命論に縛られるな 後先など考えるな

逆のケースが、「運命論」です。過去の自分から考えて、今の自分にはできないと決めつけることです。

年をとると、誰しも大なり小なりこの傾向が出てきます。「できない根拠つくり」がうまくなり、その結果、行動を起こせなくなってしまうのです。

これでは自分で自分の可能性を狭めてしまうばかり。実にもったいない話です。私たちの世代はまだまだ若い。あと何十年も人生は続くのです。もう一度、原点に戻って赤ん坊のような無垢《むく》な気持ちで、「根拠のない自信」を抱こうじゃありませんか。

そして、「とにかく行動」しましょう。

数多くの偉大な経営者や政治家と接してきた経営コンサルタントの大前研一さんは成功者の資質を「後先考えない超ポジティブ思考」としています。そういう人は「間違えたらどうしようなんって考えない」。これだと思えば「まず、動いてみる」。そして修正を繰り返し成功に近づいていくのだそうです。

かく言う私もこと恋愛に関しては、まず、動いてみます。女性にアプローチする程度のことで失うものは何もないし、失敗は成功の肥やしと考えているからです。

私たちは、歴史に名を残そうと志しているわけではありません。ただモテようとしているだけです。しかし、そのための原理原則は偉人のそれと一緒。「根拠のない自信」を持って、「とにかくやってみる」。そして「試行錯誤という努力」をすることです。

仕事も恋も根拠のない自信を持とう

行動できる人

とにかく
やってみよう

根拠がなくても
自信を持てば
行動はできる

↓

うまくいけば
成功するし
たとえ失敗しても
学ぶことができる

○

行動できない人

過去の経験から
考えると今の自分
にはできない

年をとると「できない」
根拠をつくるのが
うまくなる

↓

行動しない

↓

何も起こらない

×

4

自分に求められていることは何だ？ 期待に応えるという意識を持つ！

仕事も恋愛も成功するコツ 期待された役割をこなせ

石田純一さんは「革靴に素足」で知られています。しかし、このスタイルを維持するための努力は知られていません。

夏は除菌効果のあるスプレーをこまめにかけたり、厳寒期には寒さに耐えなければいけません。「石田純一＝革靴に素足」というお茶の間から期待される役割を果たすために人知れず努力を続けているのです。

仕事もできてモテる人の共通点はここにあります。期待される役割を果たすことができる人、つまり「相手が喜ぶ」ことができる人です。

会社で言えば、上司や部下、顧客からの期待を察知してその期待に答えることができる人のことです。

以前、勤めていた会社で、私は経営幹部候補者の研修を担当していたことがありましたが、出世する人は程度の差こそあれ、全てこのタイプでした。

逆に、「俺がしたいのはこんな仕事じゃない」とプライドが邪魔をし、周囲の期待に反して我を張ってしまう人。ほとんど例外なく組織から浮いてしまいます。

彼女ができると仕事もできる

恋愛も同じです。

相手の女性が期待する役割をこなせる人がモテるのです。例えば、若い女性を食事に誘って「じゃあ、ワリカンで」なんって、会計のときに言い出したらレッドカードを突きつけられるでしょう。実際のところ、ある調査結果で明らかになっていますが、大半の女性は「年上男性＝奢られて当然」と考えているのです。

なぜでしょうか？ それは仕事も恋愛も「お相手あってのこと」だからです。

相手のニーズを知り、それに応えると上手くいくという極めてシンプルな法則です。

私の相談者で「彼女いない歴＝年齢」という人がいました。それが「彼女」ができたら不思議なことに仕事もうまくいくようになったのです。いわく「張り合いが出た」からだそうです。

こうした例は少なくありません。あなたの身の回りでも同じようなことはありませんか？ 彼氏ができてサービスがよくなった秘書さんとか。

これは、「誰か人から求められることが自信になる」からだと思います。彼女から「ねぇ～聞いてくれる？」と悩み事を打ち明けられるのは嬉しいものですし、「来週、水族館連れて行って」と頼られたら、気持ちにハリが生まれます。こうしたこと全てが、「自分は求められている人間だ」という自信につながるのです。

逆に、誰にも求められないことは不幸です。だから期待されるということは、それだけでも有り難いことなのです。

多少、意にそぐわないことでも淡々とこなしましょう。石田さんだって、実は靴下を履きたいこともあるそうです。そこをぐっとこらえて「革靴に素足」なのです。

人様の期待に応えて足下を固めましょう。それが仕事と恋愛を成功させる第一歩になるのです。

求められているものを知ってそれに応えよう

素足に革靴だって
意外に苦労する

相手を喜ばせられる人

期待された
役割をこなすため
人知れず努力できる

↓

仕事も恋愛も相手のあることなので
期待に応えるとうまくいくようになる

水族館に連れてって

5 成功法則を一つでもいいから持つ。モテる人のコンサルタント的思考法

コンサルタントと恋愛の成功の秘訣は「水平展開」

企業向けコンサルタントの成功の秘訣は何でしょうか? 実は、コンサルティングする顧客の成功要因は、同業他社にもそのまま当てはめることができるのです。

業界をとりまく環境は同じ、サービスや製品の種類も同じ。似たようなシステムや技術を使っている。すると、抱えている悩みは同じ。だから、解決策も同じ。でいいわけです。

このためA社で成功した手法をB社に提案。B社で成功したらC社にも提案する。これを成功ケースの水平展開といいます。

コンサルタント成功の秘訣はこうした水平展開ネタをどれだけ持っているか、です。これは私が言っているのではありません。ルー・ガースナーというコンサルタント出身の有名な経営者が言っています。

恋愛にも同じことが当てはまります。

例えば航空業界の客室乗務員たち。彼女たちが抱える悩みは同じです。同じように飛行機にのり、同じような仕事をして、同じような職場環境で、同じような不規則な就業時間。すると、同じ悩みを抱えます。

・難関を突破して、憧れの職業についたが、二年も経つと同じ仕事の繰り返しにウンザリしてしまう
・三十五歳を過ぎたら肩たたき。キャリアを生かせる仕事がほとんどなく転職がスムーズにいかない。閉塞感がある
・飛行機の電磁波を浴び続けると、不妊症になる(と思い込んでいる)

つまり、「仕事を辞めたい」「寿退社に憧れる」となるのです。

このため、同じアプローチ、同じ口説き文句が使えます。例えば、こうした愚痴話が出た後に、思いっきり冗談めかして、

「僕と出産前提で付き合ってください」

と言うと、笑いというオブラートに包みながら、真剣な気持ちを伝えることができます。そして、結婚願望や不妊症が心配という関心事に焦点が当たっているので訴えかける力が強いのです。

仕事も恋愛もはじめの一歩と繰り返しての習熟が大切

「業界」という切り口を、別の切り口に変えてみると、モテる法則がみえてきます。

例えば、出会いの場という切り口だと、

・お見合いパーティ。プロフィール・カードの書き方、女性に対する話しかけ方
・ミクシィ。初メールの内容、二~三回目のメールのパターン、デートの誘い方

となって、ほとんど同じです。

私の尊敬するモテモテおやじ、ファッションデザイナーの菊池武夫さんは、なぜか二十三歳の女性が好きで、声をかけるとき、まったく同じ話をしているそうです。

こうした水平展開もはじめの一歩が重要です。やってみないことには何も始まりません。そして自分なりの成功パターンをつくり出し、同じことを繰り返すことで習熟度が高まっていきます。別の言い方をすると、簡単にあきらめずに、最初の成功ケースを得ることと、それを繰り返して上達することが重要なのです。

これは恋愛に限らず、どんな仕事にも共通することではないでしょうか。いわゆるスキルアップの秘訣です。

コンサルタントの仕事のやり方を見習おう

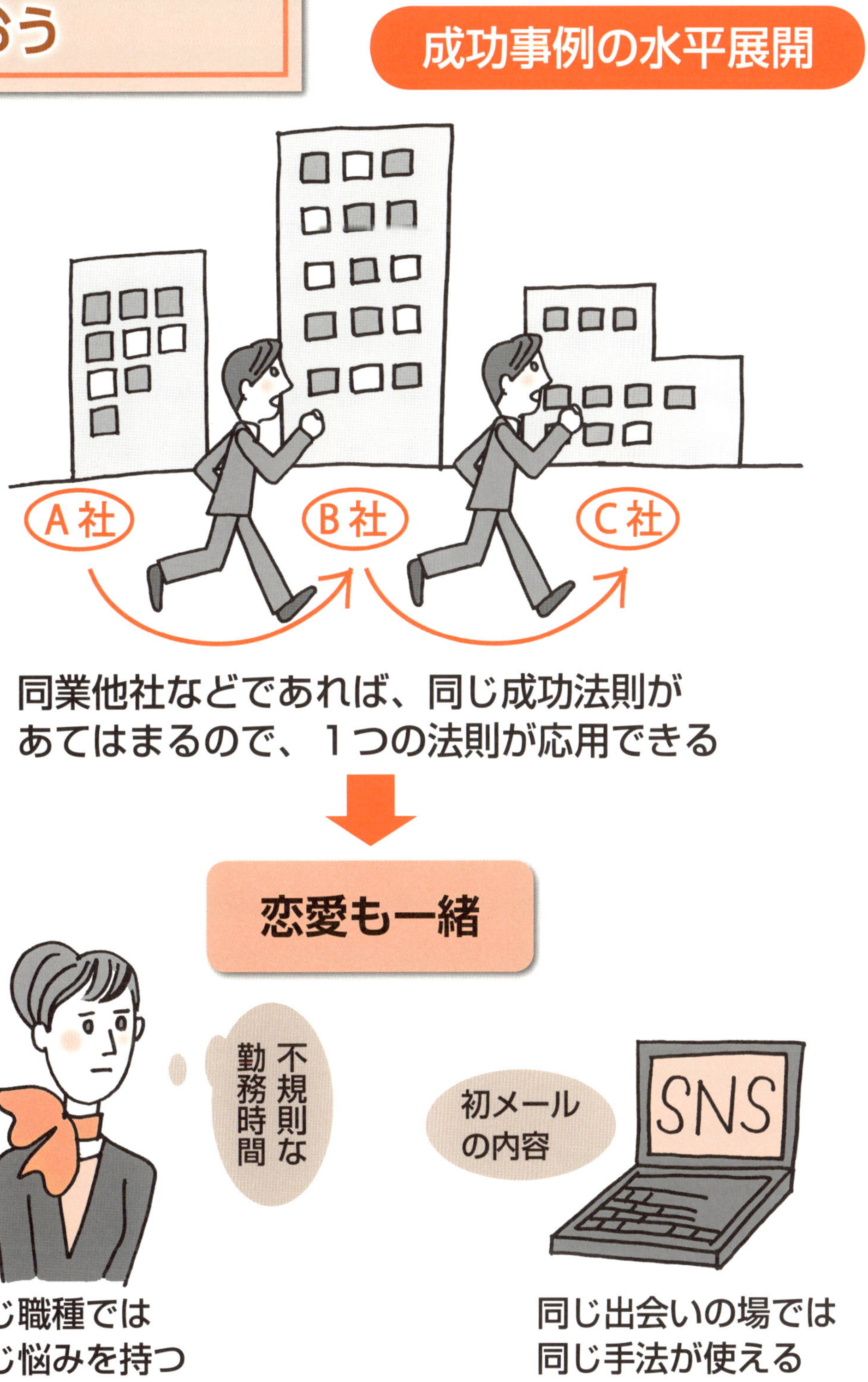
寿退社したい
同じ職種では同じ悩みを持つ

6 笑顔の習慣があなたの人生を輝かせる！

仕事と恋愛に最も有効な習慣 笑顔は無料です

「マクドナルドで一番ユニークなメニューは何？」と聞かれたら、私は真っ先に「スマイル」と答えます。

お店によって異なりますが、ハンバーガーとともにメニューボードに「スマイル」と書かれています。あくまでも洒落なんですが、年に一～二名くらい「スマイルください」という人がいるそうです。

そうです、笑顔は無料です。そして、仕事と恋愛に最も有効な習慣です。第一印象や好感度に大きく影響するからです。

いい笑顔の男性は女性にモテます。例えば、俳優のペ・ヨンジュンさんは微笑みの貴公子と呼ばれていたし、「社内でモテる男性は？」というアンケートをとると、必ず「笑顔が素敵な人」が入ります。

二十年以上、笑顔を核とした企業研修を行ってきた笑顔アメニティ研究所の門川義彦さんは、「仕事で頭がいいと思われるのも大切。それ以上に感じがいいと思われる方が得」と笑顔の効用を説かれています。

納得できる話ですよね。

それは印象だけでなく実利にも影響します。笑顔での接客に体系的に取り組んだ企業や店舗では売り上げが劇的に伸びた、という例は枚挙に暇がありません。

苦しいときも困ったときにも 笑顔は最高の防御策

「苦しいときこそ、笑いなさい」

これは私が新入社員研修で一番印象的だった言葉です。悲観にくれるより笑顔をつくれるくらい平静な方がいい打開策が浮かぶというのです。

また、「お客さんから無理難題を言われたら、最高の笑顔とユーモアで反論しなさい」とも言われました。私の知り合いはこれを実行して四十代で役員になりました。そしてこれは一般化できる話です。

ミシガン大学のマッコーネル教授の調査によると、しかめ面の医者は笑顔の医者の二倍も医療ミスで訴訟されるそうです。先の門川さんが指導した店舗では万引き件数が激減したそうです。マザー・テレサが言うように「笑顔は最大の防御」なのです。

口角を二十度上げる 目尻を二十度下げる

日本人は笑顔が苦手です。そして自信がない人が多いのです。あるアンケートによると、約七十五パーセントもの人が自分の笑顔に自信がないそうです。

そのせいか笑顔がぎこちなかったり、目元が笑ってなくて逆に冷たい印象を与えてしまったり、ニタニタしたニヤケ顔になってしまったりと、いい笑顔の人は意外と多くありません。

以前、テレビでスマイルスキャンという機器を使った実験を放映していました。百万人の笑顔を解析したデーターに基づいて笑顔の良し悪しを判定する機器です。

この実験によると、「微笑みの国」と呼ばれるタイの人は平均九十一点、アメリカ、フランス人が七十八点。一方の日本人は極端に悪く四十六点だそうです。

笑顔のポイントは次の二点です。目尻を下げること。口角を上げること。それぞれ二十度上げ下げするのがポイントです。

素敵な笑顔を習慣にしてください。

良い笑顔を身につけて最大限活用しよう

笑顔は第一印象や好感度に大きく影響する

ブスッとした人

笑顔の人

口角が下がっていて冷めた目をしている

口角が20度上がり、目尻が20度下がっている

7 必殺の口説き文句など必要ない。好かれるための「ありがとう」の習慣

必殺の口説き文句より「ありがとう」の一言

数年前、『水の伝言』（江本勝著　波動教育社）という本が話題になりました。これは色々な水の結晶の写真集です。面白いのは、「ありがとう」という言葉をかけ続けた結晶は美しく、「バカヤロー」という言葉だと歪な形になるというのです。

ここから拡大解釈も生まれました。人間の身体は七十パーセントが水分なので、悪い言葉を浴びせ続けられると体調を崩し、いい言葉はその逆というわけです。

結局、この本は賛否両論を巻き起こしました。特に専門の学者からの批判はすさまじいものがあったと記憶しています。

しかし、多くの人がこの話を聞くと、「そうだよね」「わかる、その話」と納得するのです。心に響くと言った方がいいかもしれません。それは、言葉の暴力で体調を崩したとか、励ましの言葉で元気になったという経験が大なり小なり人は誰しもあるからなのだと思います。

この話のポイントは、ことの真偽に関して科学的な裏付けを追究することではなく、実感に照らし合わせてどう行動するべきか、ということだと思います。

その観点から、私は「美しい日本語」を使いましょうと申し上げたい。特に「ありがとう」という感謝の言葉を。

私はよく人から「必殺の口説き文句を教えてください」と言われますが、いつも「魔法の杖はありません」と答えています。そんな小手先のことよりも、百回お礼を言う場面をつくって、百回「ありがとう」と言った方がいいと思うのです。「ありがとう」を繰り返すことが「急がば回れ」で好感度を上げる近道なのだと思います。

例えば仕事場なら、ちょっとしたことを教えてもらうとか、文房具をちょっと貸してもらって、その都度「ありがとう」を言った方がよっぽど好かれるということです。

日本の未来とあなたの幸せのためにできること

希代のマーケター神田昌典さん。神田さんの会社は過去に急拡大し、その歪みでクレームが殺到したことがあるそうです。そのクレームの直撃を受けた社員が次々と病に倒れていったそうです。

このピンチに神田さんが打った手は「承認の輪」という手法。社員同士が輪になってお互いの存在を認め合う言葉を語りかけるというものです。具体的には冒頭に、「○○さん、あなたがチームに入ってほんとうによかった。ありがとう。なぜなら……」と言うそうです。すると会社における自分の存在価値を見いだし安心感を抱くというのです。

結果的に社員は自信を取り戻し、危機的状況から脱することができたそうです。

これは示唆に富んだ話だと思います。いまの日本には汚い言葉が溢れ返っています。そして、精神的に孤独で、「無縁社会」と言われるように自分の居場所を失った人が多く存在しています。

こうした状況をよくするために、私たちがすぐにでもできることは、身近な人に対して「ありがとう」に代表される美しい日本語を使うことではないでしょうか。

感謝の言葉で相手に好かれよう

水にいい言葉をかけるとキレイな結晶になる

↓

賛否両論、一大論争を巻き起こし、批判された

しかし…

実感として納得できるのでここまで大きな騒ぎとなった

- 嫌な言葉をかけられ体調を崩した
- 励ましの言葉で元気になった
- 「ありがとう」と言われると好感が持てる

↓

美しい日本語を使おう

8 充実したプライベートは仕事に活きる！文化を感じさせる男になろう

三十五歳からの魅力づくり 大人の文化を身につけろ

年をとってもモテるためにはどうしたらいいのか？　私は三十半ばのときに考えたところ、あることに気がつきました。それは、「文化を感じさせる男性がモテる」。「不倫は文化」発言の石田純一さん。絶世の美女、夏目雅子さんを嫁にした伊集院静さん。女優キラーと言われた五木寛之さん。この人たちに共通するのは、「おじさん」だけど、文化を感じさせるということ。

と同時に、日本のおじさんに欠けているのは、この文化ではないだろうかと思ったのです。仕事帰りに飲み屋で愚痴を言い、家に帰ったらテレビをだらだら見て、休みの日は大抵ゴロ寝。文化的な生活にはほど遠い世界です。

一方、女性はと言えば、アフターファイブはお茶やお花の習い事、休みの日は話題のコンサートや美術展など、男性よりもはるかに「文化」に親しんでいる生活を送っています。

こうした女性の関心や興味を引くためには、私たち男性も女性ウケのする文化を身につける必要があります。そのためには、時間をつくって学び、意識して生活を変えていかないと身に付きません。

三十代も半ばを過ぎたら、確実に容姿は落ちていきます。何もしないままだと女性に対する魅力は落ちる一方です。こうした中、「大人の世界、大人の文化を教えられる」ことが付加価値になり、若い男子との差別化につながるのです。

〝自らをカルチャーセンターにする〟

これがいくつになってもモテる人になるための秘訣の一端なのです。

最も手軽で身近にある文化で共感力を養おう

ここで質問です。「最も手軽に、そして最も身近に楽しめる芸術」は何でしょうか？

それは文芸作品です。

文字通り文字という表現形態による芸術作品です。本はどこへでも持ち運びできるし、名作と呼ばれるものでも、文庫でわずか五〜八百円程度。最も手軽で身近な芸術というわけです。

文芸作品を読むことは、女性とのコミュニケーションをよくする上でもプラスになります。なぜなら、女性の感性に共感する力を養うことができるからです。

自分自身で経験していないことを「本当の意味」で共感することは難しいものです。例えば、病気の苦しさは経験がないとわかりません。読書はこの経験を補う行為です。文芸作品には様々な人の経験や感動がぎっしりと詰まっています。これらを疑似体験することで、「その話、わかるわかる」という感性のレセプター（受容器）を増やすことができるのです。

女性の感性に対する共感力を上げるという観点では、ストーリー展開に力点を置いたものより、登場人物（特に女性）の内面を色濃く描いたものの方がいいでしょう。

その意味では、林真理子さんの『名作読本』（文春文庫）がおすすめです。林さんが女性に向けに五十四の文芸書を厳選、女性の心理描写に定評のある林さんの軽妙な文章で本が紹介されています。

おじさんの魅力は文化によってつくられる

文化を感じさせる男がモテる理由

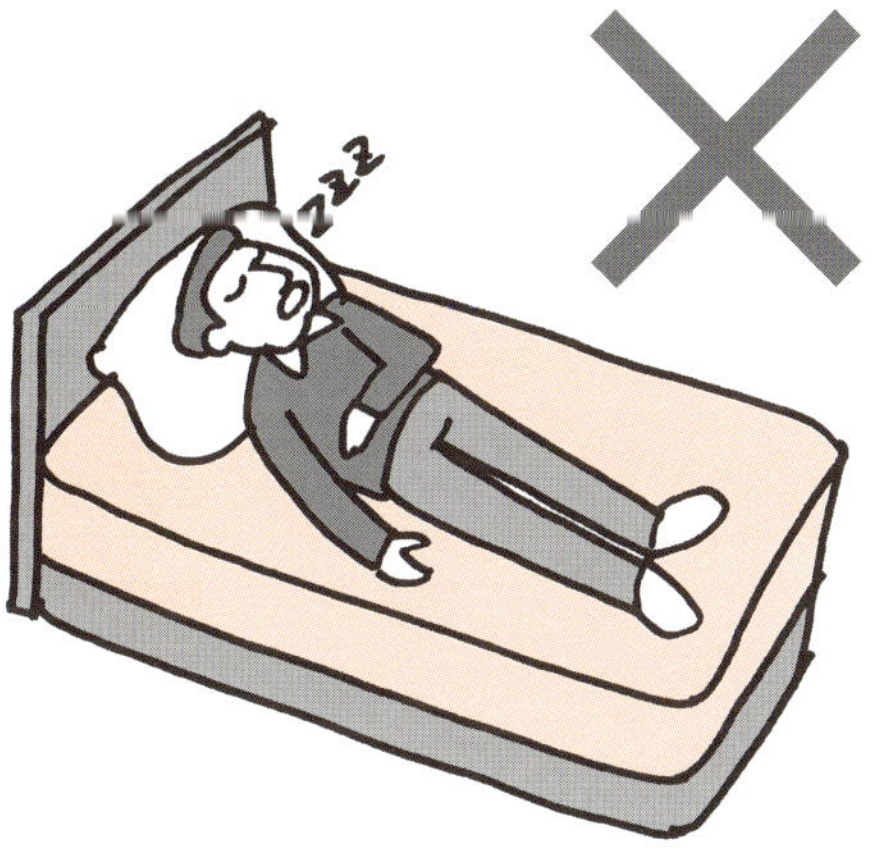

女性はお茶やお花の習い事、コンサートなど「文化」に親しんだ生活を送っている

↓

同じように「文化」に親しんでいれば女性の関心を引くことができる

↓

年をとるとともに落ちていく容姿を文化でカバーできる

↓

モテる

9 女性が喜ぶ「大人の文化」の三つの要素

若い女性にウケる大人の文化とは？

恋愛という切り口で、女性、特に若い女性に、「大人の文化だわー」と感じさせるウケのいいものは何でしょうか。

それは次の三つの要素が揃っていることが必要だと思います。

・若い女性にとって敷居が高いこと
・非日常的なハレの世界
・うんちくを語らなくても、その良さがストレートに伝わるもの

最初の敷居の高さは、「大人の世界で、私たち子供には入りづらいわ」と感じさせ、エスコートが有り難いと思わせる領域のことです。

二番目は、日常生活とは別世界の雰囲気を楽しめ、お祭りのようにわざわざ着飾るハレの日の気分を味わえるもの。

最後が、相手と一緒に楽しめて、その良さがストレートに伝わるものです。理屈抜きで感性に響くものという意味です。そういう意味では「うんちく」は避けた方がいいでしょう。自然な話の流れでうんちくを語るのは造詣の深さを感じさせますが、単なる「うんちく講座」では、聞いている相手を疲れさせるだけ。ご注意ください。

この三つの条件を満たすものとして、私は、オペラと歌舞伎をおすすめします。

オペラと歌舞伎 心のデトックス

オペラと歌舞伎、どちらも女性に着飾ろうと思わせる雰囲気があります。

また公演がはじまる前や幕間のロビーが華やかなのが特長でしょう。

私が過去いちばん驚いたのは、瀬戸内寂聴さんが書き下ろしたオペラの初日のこと。ロビーには寂聴さん本人だけでなく、作家や文化人、政財界のお歴々が何人もいて、シャンパン片手にやぁやぁと挨拶しているのです。実はこれがはじめてのオペラだったので、「こんな世界があるんだ」と呆然としたことを今でも忘れられません。

もちろん、本番の公演も別世界です。芸の奥行きが深く、生の迫力に圧倒され感動し、号泣することさえあります。日頃のストレスが一気に洗い流されるので、これを私は「心のデトックス」と呼んでいます。

こうした非日常的な空間に身をおいて、濃密な体験をした後は、お互いの距離がぐっと縮まります。「なんだか、一緒に旅行に行った気分」と、しみじみ語った女性もいるくらいですから。

「大人の文化」とはいっても大上段に構える必要はありません。

自堕落的な生活を送っている女性には、自然の中に佇《たたず》む神々しい神社でもいいですし、打ちっぱなしの経験しかないなら、ゴルフ場に連れ出すのもいいでしょう。

外資系の会社に勤めている相談者の人が、女性にさりげなく神社でお参りの作法を教えたところ「意外なこと知っているのね」と、女性の態度が俄然よくなったことがあるそうです。

夏目雅子さんは、伊集院静さんが超難解な漢字をさらりと書いたところに惹かれたという逸話があります。

大きな仕掛けで女性を魅了するのもよしですが、こうした何気ないところに「文化」はにじみ出るのです。

大人の文化で若い女性を喜ばせよう

ゴルフ

オペラ

写真：アフロ

歌舞伎

大人の文化の条件

- 若い女性にとって敷居が高い
- 悲日常的なハレの世界である
- ストレートに感動できウンチクいらず

大人の世界を優しく教えることがモテるコツ

10

カルチャースクールで大人の青春を楽しもう

ドンペリとロマネコンティどっちが高い？

超高級なお酒といえば、ぱっと思いつくのが、ドンペリとロマネコンティです。では、どちらが高いでしょうか？

答えは「ロマネコンティ」です。ヴィンテージにもよりますが、百倍の価格差がつくことさえあります。

以前、お世話になった上司が会社を辞めるとき、ドンペリを進呈したことがあります。するとお礼状がきて、「朝から妻が張りきって料理を用意して、久々に家族揃って食事を楽しみました。人生で最高に美味しいお酒を飲みました。どうもありがとう」と、大感謝されたことがあります。

「人生最高の」といっても、一万円を少しオーバーするくらい。それでこれだけの劇的な反応があるのです。

これを恋愛に応用しない手はありません。とっておきのデートで使えば大感謝されますよ。

この話のネタをどこで仕入れたかというと、ワインスクールで教わりました。「ワインなど酔えればどれでもいい」と思い、レストランでワインを頼む時には、一番安いのを女性に気づかれないように注文していた私が、ひょんなきっかけで通うことになったワインスクール。そこは妙齢の女性との出会いの宝庫だったのです。

カルチャースクールは出会いの宝庫

ワインスクールは圧倒的に女性が多いことが特徴です。八割から九割は女性です。しかもなぜか美人が多い。男性陣にいいワインを振る舞われているうちに興味を持つんでしょう。客室乗務員や魅惑的な女医さん、有名ファッション雑誌の編集者やモデルが、大抵クラスに各一～二名います。

授業が終わった後は、自然な流れで「飲みに行こう」となり、最初は大人数でわいわいと楽しく飲んで親しくなっていきますが、そのうち、二次会や後日試飲会に行くなどして個別に仲良くなっていくのです。

このようにカルチャースクールは、知識や技能を得られるだけでなく、出会いがあり、一兎を追う者が二兎を得てしまう世界なのです。

どの地方にもカルチャースクールがあります。そして女性が多いスクールがあるものです。探すコツとしては、事前に見学に行くのがおすすめです。昼間の時間帯の歴史講座は年配の人が多いとか、スキルアップや資格をとるタイプのものは若い人が集まるなど特徴があるからです。

私は四十歳を過ぎてから、いろいろなカルチャースクールに通いました。ワイン、オペラ、個人貿易、本の企画つくり、イメージコンサルタントなど。これらカルチャースクールに通って一番よかったことは、「大人の青春」を楽しめたことです。

いろいろな職業やバックグラウンドを持つ男女が同じ教室に集まって、同じ目標に向かってがんばります。親しくなったらあだ名で呼び合って、休みの日はスポーツしたり旅行に行ったりして。まるで学生生活そのものです。失ったはずの青春を取り戻した気分です。

若く情熱をたぎらせる青春もいいですが、分別のある大人の穏やかな青春もいいものですよ。

一石二鳥の効果を得られるカルチャースクール

カルチャースクールは出会いの宝庫

たとえばワインスクール…

圧倒的に女性が多く
美人も多い

↓

お酒が好きなので
授業後、自然な流れで
飲みに行くことになる

↓

回数を重ねていると
個別に仲良くなっていく

↓

知識や技能と
パートナーが同時に
＝
一兎追うものが二兎
を得る

おわりに

「まだまだ若い」が、これからの人生を左右するキーワードだ！

まだまだ若い！日本人の平均年齢は四十五歳

「三十五歳は男の曲がり角」という調査レポートを読んで、私は「そうだよなー」という思いを抱くと同時に、「まだまだでしょう」と、ささやかな叱咤激励の言葉をつぶやきたくなりました。

なぜならば、

・日本人の平均年齢は約四十五歳
・平均寿命は男性で約八十歳

ですから、三十五歳はまだまだ若いのです。平均より十歳も若いし、人生の折り返し地点にさえきていないのですから。

私たちの親世代が若かりし頃、一九六〇年には、日本人の平均年齢は約二十九歳でした。一九七〇年でも約三十一歳です。

この頃の感覚なら三十五歳はかなり「いいお年頃」でしょう。しかし、今や三十代の水着アイドルなど珍しくない時代です。四十代で瑞々しい雰囲気の女優さんなどゴロゴロしていますから、「初老」はもともと四十歳を表す言葉といっても、誰もピンとこないでしょう。

三十五歳はまだまだ若い。人生八十年時代ですから四十代、五十代でも若いと思います。新しいことを始める気力も体力もありますし、それまでの人生経験もプラスになることでしょう。「俺も年だな」なんて思わず、「まだまだ若い」と思ってください。それが正しい認識ですし、その後の人生の可能性を左右する貴重なキーワードになるでしょう。

加齢臭じゃなくフェロモンを出そう！

私の相談者の中には五十代で恋人ができた人が何人もいます。その中の一人はこう私に語りました。

「自分は枯れていく一方だと感じていたけど、年下の彼女と付き合って〝眠っていたオトコ〟に目覚めましたね」

失ったものが再び蘇る、これは大きな喜びでしょう。年齢を重ねてからの恋愛にはこうした発見が山ほどあります。他では得難い貴重な経験なのです。

この方は次のような面白いことも言うのです。「生きながらにして、生まれ変わった気分だよ」

このように恋愛を通じて「第二の人生」を実感する人がいます。実は私もその一人。四十歳までの私は会社一辺倒の生活を送っていました。すごく狭い世界に住んでいたんだと思います。それが年をとってからの恋愛に挑戦した結果、心象風景は大きく変わり、多くのものが私にもたらされました。

この本は「第二の人生」を手にするノウハウと習慣でもあります。自然のあるがままに流されず、加齢現象を文明の利器で迎え撃ち、そして大人の男としての魅力を上げていくことを目指しています。

「年をとった」と、しょんぼり肩を落とすより、元気なおじさんが増える方が世のため人のためになると思います。

四十歳になっても、五十歳になっても、加齢臭じゃなく、フェロモンを出してください。一人でも多くの人が「いくつになってもモテる習慣」を身につけて、この世の中を少しでも明るく照らしていただけたら、著者としてこんなに嬉しいことはありません。

著者略歴

青木　一郎（あおき　いちろう）

中年男性専門の恋愛コンサルタント

1965年生まれ。早稲田大学卒業後、日本ＩＢＭに約20年間勤務。40歳前後で、薄毛と若年性の更年期障害が急激に進行。容姿と体力が著しく衰える中、女性にモテる方法を模索し、医療・理美容・イメージアップで実績のある手法とＩＴをフル活用した再現性の高い独自の手法を確立。自ら実験台となり、薄毛治療、歯の美白、ヒゲの脱毛などを実践。40歳からの５年間で160名以上の女性とデートして、自身の手法を検証し刷新を重ねた。約800人の中年男性の恋愛を成就させた実績を持つ。

著書に『40歳からのモテる技術』（阪急コミュニケーションズ）がある。

著者ブログ：加齢臭じゃなく、フェロモンを出そう。http://ameblo.jp/moteoji/

メールアドレス：info@moteoji.com

装　丁　：印牧真和

イラスト：加藤アケミ

本文デザイン：森　里佳

【図解】いくつになっても「モテる人」の習慣

2011年8月10日　第1版第1刷発行

著　者　青木一郎

発行者　安藤　卓

発行所　株式会社ＰＨＰ研究所

東京本部　〒102-8331　千代田区一番町21

クロスメディア出版部　☎03-3239-6254（編集）

普及一部　☎03-3239-6233（販売）

京都本部　〒601-8411　京都市南区西九条北ノ内町11

PHP INTERFACE　http://www.php.co.jp/

組　版　朝日メディアインターナショナル株式会社

印刷所　大日本印刷株式会社

製本所　東京美術紙工協業組合

ISBN978-4-569-79837-0